陪读手册

◎崔巍青 主编

江西科学技术出版社

编 委 会

第一章

怎样陪孩子阅读第一本书

名师解读

孩子的第一本书很重要

在一个人的成长过程中，需要关注的事情太多太多，我们往往称之为重要事件。阅读是这些事件中最初并不显眼的一部分，但随着时间的流逝而愈来愈突显其重要性。既然是越长大越重要的事情，就应该在最早的时候倾注时间与精力，培养厚实的底蕴。阅读，怎么为之都不为过！

“第一次”是重要的，也是永恒的

人生有着许许多多的“第一次”：第一次坐车，第一次看电影，第一次做菜，第一次玩游戏，第一次做手工，第一次受伤……自小到大，我们已经无数次在作文课上写出了真情实感的第一次，也已经不由自主地冠之以“难忘的”，甚至是“永恒的”。的确，这些回味起来清新如昨的“第一次”已经不可磨灭地盘踞在心头，无论时空如何变迁，都成了无可替代的首次。为什么“第一次”具有如此魔力又如此魔性？借用心理学上的首因效应来分析，最初接触到的信息所形成的印象对人们以后的行为活动和评价的影响会占据着主导地位。因此，在儿童阅读中合理、有效地运用"第一次"效应,是很值得研究的。让"第一次"成为美好的回忆与优秀的起源正是我们编撰《陪读手册》的初衷之一。

"第一本书"是好玩的,也是有魔力的

初为父母时,爸爸妈妈面对可爱的宝宝,往往会把满心的欢喜与疼爱化成精心为孩子选择漂亮的服装和有趣的玩具。也许父母认为把孩子打扮得漂漂亮亮是对孩子的无尽的爱的表现,其实这只是"爱"的最低层次。给孩子购买有趣的玩具,有些家长仅仅是为了满足孩子的购买欲望,而有些是秉承开发宝宝们智力的理念,这的确也是诸多玩具开发商绞尽脑汁为之努力的方向。这是对孩子爱的表现形式,但这只属于基础层面。社会学家乔治法卡斯和库尔特贝隆曾经做过一项研究,对象是6800名3~12岁的学生,研究结果令人惊讶:来自低收入家庭的孩子之所以很多成绩不太理想,是因为他们的词汇量往往偏低。这一研究成果说明:造就孩子不同人生的,是他们头脑中的词汇量,而并不是他们的衣服和房间里的玩具。

犹太人有一个传统,即给孩子的第一本书上涂蜂蜜,让孩子从小就认为读书是一件甜蜜的事,目的正是在潜移默化中培养孩子的阅读兴趣。我国有些地方,孩子周岁庆典上也有一项非常有趣的活动,就是摆放多种代表今后人生取向的物品让孩子抓,诸如:抓到金元宝就表示这个孩子将来与钱财打交道;抓到佛珠就表示孩子将来会出家;抓到书本就表示孩子将来与书为伴;等等。大凡孩子抓到书,一家人便会兴高采烈地认为这孩子将来定会读书有成。虽然这些只是流传至今的小游戏,但也可以从极致的仪式感中看出,孩子最初的喜好对今后的发展可以具有深远的作用。因此,慎重地为孩子选择"第一本书",是极有可为空间的。

那么,如何选择"第一本书"?选择怎样的"第一本书"呢?我们不妨效仿一下古人,来点仪式感的选择。如周岁抓宝游戏,可以把所有物品都换成各种各样的书本,有撕不烂的书,有立体书,有动感书,也有皮制书,等等。现在市场上婴幼儿的书门类繁多,也是一个极好的现象,为家长的选择带来极大的空间。也不妨来点童趣的游戏,如找一找、猜一猜、闻一闻、舔一舔等,让"第一本书"变得好玩一些,变得有魔力一些。

"第一次阅读"是有趣的,也是有温度的

跟所有的"第一次"一样,"第一次阅读"是具有里程碑意义的。当然,孩子的"第一次阅读"可以分为"第一次陪伴阅读"和"第一次自主阅读"。

我们先来讲"第一次陪伴阅读"。孩子周岁左右,家长便可以开始陪伴孩子一起阅读了。因为这是家长参与的阅读,是家长主导下的阅读,阅读的效果很大程度上取决于家长的投入程度。

要精心选择书的内容。选择原则是以贴近孩子的生活实际为主,符合孩子的认知水平。如英国作家安东尼·布朗的绘本《我爸爸》《我妈妈》系列是极好的选择对象。因为亲人是孩子最亲近的人,而该系列绘本中的每一句话都能让孩子找到生活原型,都能让孩子产生共鸣,而且风趣的语言,夸张的比喻,更能使孩子在哈哈大笑中识得文字,拉近与亲人之间的距离。

在陪读中,家长可以模仿绘本中的人物,与孩子进行零距离亲子游戏。如"我爸爸吃得像马一样多,游泳时像鱼一样灵活。我爸爸像猩猩一样强壮,也像笑眯眯的河马一样快乐。有时候他像我的泰迪熊一样温柔"这一段的陪读,家长完全可以扮成可爱的马、鱼、猩猩、河马、泰迪熊,边读边做动作。孩子定会被可爱的你逗得咯咯笑。

陪读中还可以训练孩子说话。如读"我妈妈像猫咪一样柔软,又像犀牛一样强硬"这一句时,可以让孩子学着说一说"家里还有什么东西是很柔软的呢""还有什么东西是很硬很硬的呢"等等,引导孩子观察家

里的物品，试着像绘本一样说一说。孩子的模仿能力是很强的，而且，刚开始阅读的孩子比较喜欢反复阅读熟悉的书，因此，经过反复阅读，孩子的阅读能力在慢慢提高，识字量也在渐渐增加，阅读情感也随着有温度的亲子陪伴被缓缓激发出来了。

再来说一说“第一次自主阅读”。当识字量达到一定的程度，孩子的自主识字意识就会逐渐显现。有些孩子是在不知不觉中养成独立自主阅读的。而用心的父母会有意识地创造条件，给“第一次自主阅读”以隆重的仪式感。父母如此做，一方面会帮助孩子“第一次自主阅读”的提前到来，另一方面会增强孩子阅读的信心。如友人做妈妈的陪读日记：

2018年5月9日，一个值得我们全家纪念的日子。可可终于脱离了父母的亲子陪读，开始自主阅读全汉字的小说了。

当他意识到这点时，兴奋不已：“妈妈，你再也威胁不了我了！”（因为我经常用给他读故事作为条件。）

“妈妈，自己阅读比妈妈讲更好，可以更快。”

“妈妈，不认识的字跳过去，也能读得懂。”

“妈妈，我已经看完两章了，这两章写的是……哈哈，太有意思了！”

我曾经无比盼望着这一天的到来，而当这一刻来临的时候，除了喜悦之外，竟然还有一丝丝酸涩与失落。

其实所有的事情都有先兆。

中午我跟他去书店挑书的时候，他自己选了两本书，一本是绘本，一本是注音书。注音书已经很厚了，而我给他挑了一本郑渊洁的《皮皮鲁传》，更厚的小说。因为他是郑渊洁的粉，《舒克贝塔》反反复复听了很多遍，另外《皮皮鲁传》算得上是郑渊洁的经典著作了。

我挑这本书的时候，他跳着说：“啊？这本书我看不懂啊！都是字。”

我说：“你已经认识很多字了，现在缺少的就是信心。”

我随便翻了一页："你看看这里面哪个字你不认识？"

他看了好半天，才指着清晰的"晰"字说："这个字我不认识。"

我翻个白眼："那等我做完工作陪你读好了。"

到了晚上，等我论文写完，发现他一个人静静地坐在沙发上看书。我想补偿他一下，走过去像往常一样说："来，妈妈读给你听！"没想到他头也不抬，说："不用了，我自己看！"

"你不是说很多字不认识吗？"我有点不甘。

"不认识的字我就跳过去！"干脆利落的回答。

……

至此，在欣喜与不甘，夹杂着失落中完成了我的陪读使命。

朋友们，孩子阅读生涯中如此重要的"第一次"，你，千万不要缺席哦！

实战操作

最亲爱的书

——《我妈妈》陪读策略

书本简介

绘本《我妈妈》(河北教育出版社,2007年4月第1版,余治莹译)和姊妹篇《我爸爸》是英国绘本大师安东尼·布朗给父母的献礼。被称为“天才作家”的安东尼·布朗曾于2000年曾荣获图画书创作者的最高荣誉——国际安徒生大奖。《我妈妈》借着孩子天真自豪的口吻,描绘出心目中无所不能的妈妈形象,同时运用对比的句子形容妈妈的方方面面,突显出孩子对妈妈的崇敬。若说对妈妈的最大赞美,《我妈妈》无疑是最棒的!

力荐理由

《我妈妈》描述的是一位平凡而又伟大的妈妈:她是一个棒极了的

厨师；她是一个伟大的化妆师；她是全世界最强壮的女人；她是一个奇异的园艺师，可以让任何植物生长；她是一个仙女，总是有办法在我沮丧的时候让我开心起来；她的歌可以唱得像天使一样好；她吼起来像一头狮子；我的妈妈像蝴蝶一样漂亮，又舒适得像一把扶手沙发……她常常逗得我大笑。绘本中的每一个句子都充满了孩童的视角和情趣，每一个比喻和夸张的背后都藏着丰富的“潜台词”。每个孩子的妈妈不一样，他们对绘本“潜台词”的理解就会不一样，但唯一不变的是绘本语言的暖色调，不论是温柔的妈妈还是暴躁的妈妈，不论是强壮的妈妈还是性感的妈妈，在孩子心中都是神奇厉害的妈妈。而最后“她也爱我”四个字，则更是温情的一笔，将孩子对母爱的感知用最最简单却触动人心的方式表达了出来。

书中妈妈的造型特别有趣——身着睡袍脚蹬拖鞋。妈妈的睡袍像一座花园，拖鞋则是粉红色的，这种家居式的打扮，极具亲切感。睡袍上用来象征妈妈的是红色的爱心，爱心和花朵一再以不同的面貌出现在每个画面中，可以说是一条“爱的线索”。用图画传达书的趣味是这本书的特色，它总是运用图画表达文字未竟之处，或是借着图画把文字作了扭曲、延伸，产生幽默效果。例如，文字说妈妈是伟大的画家，图画中的妈妈却不画画，而是涂口红，只是在还没有涂上口红之前，嘴唇上居然是空白的，就像画家还没在画布上下笔一样。或者，文字说妈妈是神奇的园艺家，图画中妈妈的手指变成了绿色的，因为“绿手指”代表不论种什么都可以种活的人，而妈妈的绿手指竟然让睡袍上的花也长了出来，背后的花盆里也长出了不可思议的东西。阅读时，家长可以和孩子一起识破画面中的这些“小心机”，不断丰富简单文字背后的内涵，引导孩子在阅读探究中获得阅读乐趣。

《我妈妈》的语言看似简单朴实，其实是经过了精心设计的。它运用对比的句子，形容妈妈的各个方面，比如：说妈妈唱歌时像天使，吼叫起来又像狮子;说妈妈像猫咪一样柔软,又像犀牛一样强硬。它使用比喻手法,说妈妈美丽得像蝴蝶,柔软得像沙发……整本书的表达基本上是同一种句式,形成了简单却不乏变化的排比形式。这些绝好的语言范本,都可以在孩子的阅读中不断给予他们潜移默化的语言滋养。

陪读策略

封面,封面,见一面

女儿自诞生之日起,我便毫不吝啬买书的钱。其尚小时,不能读懂书中的内容,我选书时便格外注意书的封面,因为有趣的封面往往能让孩子对书籍产生强烈的好感,勾起她探索的欲望。《我不要生气》就是女儿五六岁时睡前必然要翻看的书籍,因为封面上小兔生气的样子像极了女儿,女儿看见它就像看见了自己,并且封面上的小兔用毛绒布做成,很有兔子皮毛的触感,只要触摸就能感觉到故事主人公的存在。难怪女儿对它情有独钟。

《我妈妈》的封面也十分有趣,整个画面只画了一个大大的妈妈,身穿花睡衣,笑容和蔼,两只手插在耳朵里,仿佛是在做鬼脸。这幅画面并未出现在书本的正文中,却能折射出整本书画面与情感表达的内涵——孩子眼中的妈妈就像他们自己一样可爱而又温暖。女儿初见这本书时,一下子被封面上的妈妈吸引,我告诉她这是某个小朋友的妈妈。于是,在读正文之前,我们就有了一连串的想象和表达:

我:“你猜这是谁的妈妈?”

女儿:“小宝宝的妈妈。她的宝宝一定还小,所以妈妈要做鬼脸逗他。”

我:“对哦,你做宝宝的时候,妈妈也是这么逗你的。”(边说我边学起封面上妈妈的样子。女儿仿佛看见了自己小时候被逗的情形,“咯咯”笑起来。)

我:“你觉得这个妈妈好不好看?”

女儿:“好看!”

我:“哪里好看?”

女儿:“衣服好看,她的衣服上有这么多颜色的花。”

我:“我们一起来数数妈妈衣服上有几种花。”(和女儿一起观察妈妈衣服上的花朵,通过仔细观察分辨不同形状的花朵,对整本书中代表妈妈形象的“爱心”有初步的印象。)

我:“你觉得这是个好妈妈吗?”

女儿:“是好妈妈。”

我:“为什么?”

女儿:“她在对着宝宝笑,一点都不凶宝宝。”

边看封面边聊天、边聊天边猜测和想象是我和女儿拿到一本书阅读前的惯例,因为有了这些猜测和想象,阅读才变得有期待。而阅读有了期待,读书的过程才会很认真,读完书之后才会有很多话想说。

图画,图画,会说话

读完一本书的封面之后,我在很长一段时间内都只是把书扔给女儿,让她自己看,想看哪页看哪页,想看几遍看几遍,等她对文字和画面都相当熟悉之后我才和她一起读书中的文字,进行阅读交流,并且读不同的书籍,我们会有不同的交流方式。绘本中的文字和图画相互补充,图画对文字的补白作用相当重要,所以我们在读此类书籍时通常不但会让文字说话,更会让图画说话。《我妈妈》是一本文字少得可怜、画面却丰富得要命的绘本,对于这样的绘本就更要让图画多说话,让孩子多从画面中感知文字之外的情趣,如此才能将文和图的阅读效果都达到最佳。

通常情况下,我和女儿共读绘本时,往往是我绘声绘色地读文字给她听,女儿绘声绘色地讲画面给我听。讲着讲着,我们还会表演起来:

我读:“我妈妈是个手艺特好的大厨师。”

女儿:“她做的蛋糕好漂亮,有心形的,有圆形的。我最喜欢那个猴子形状的。”

女儿:“而且我觉得这些蛋糕肯定很好吃,黄色的是橙子味的,红的是草莓味的,蛋糕上面还有奶油。妈妈,你会做这些蛋糕吗?”(我无奈地摇头。)

我读:“她不但是个画家,还是全世界最强壮的女人。”

女儿:“妈妈在化妆。”(边说边学起我平时涂口红的样子来。)

我:“妈妈还会画出什么来?”

女儿:“眉毛。”(说着女儿又学起我平时画眉毛的样子来。)

女儿:“还要把脸蛋涂白一点。”(说着又学起我平时用粉饼扑粉的样子。)

我读:“我妈妈像蝴蝶一样美丽,还像沙发一样舒适。”

女儿指着图说:“妈妈变成沙发了!”

我把身体摆成沙发的样子说:“我也可以变成沙发!”

女儿坐在我身上“咯咯咯”地笑起来……

女儿在边读边看图、说图的过程中,很好地锻炼了自己细致观察画面的能力、把画面转化成语言的能力、利用画面辅助理解文字的能力。可以说,幼儿时期的她在读图的道路上是越走越好的,这也为她日后发散思维、想象能力的发展奠定了良好的基础。当然,有时候也不完全是她一个人说,我也会提出一些有难度的问题共同讨论:

我:“《我妈妈》的书里藏着好多心形,你能找到吗?”

女儿:“妈妈的衣服上有心形,妈妈的茶杯上有心形,蛋糕有心形,妈妈的鼻子上有心形……”

我:“为什么这本书里每页都有心形的东西?”

女儿:“因为妈妈爱宝宝。”

口袋，口袋，藏本书

《我妈妈》这本书的文字表达基本是同一种格式，简单、易于模仿。读完这本书后，也可以让孩子尝试创作，将自己妈妈的样子画下来、说出来。制作“口袋书”就是我和女儿读完这本绘本后的有趣尝试。

“口袋书”，顾名思义就是可以放在口袋里的书。我将白纸剪成小小的正方形，然后钉成一本，就是女儿的“口袋书”了。我让她在“口袋书”上画下我的样子，想画什么就画什么，即使把我最糗的事画出来，也不会挨批评，画完后我和她一起给图画配上文字（一般女儿说，我来写）。在引导孩子配文的过程中，我允许女儿照抄式的模仿，哪怕只是把“她吼起来像狮子”改成“她吼起来像老虎”，也会得到我大大的赞赏。口袋书制作完成后，我就让女儿将“口袋书”放在自己的口袋里，逢人便拿出自己的“口袋书”，向别人介绍自己的妈妈。每次介绍完毕，她都会收获满满的赞赏，这让她对模仿着创作产生了极大的兴趣，也为她上小学前的语言表达涂上了一抹亮色。

阅读拓展

读完《我妈妈》后，我们马上就可以将创作风格相似的《我爸爸》《我哥哥》引入孩子的视野，让孩子从小确立主题式阅读的意识，并将安东尼·布朗的语言表达风格深深地印在孩子们的心里。

你是世上的奇迹

——《你出生的那天晚上》陪读策略

书本简介

《你出生的那天晚上》(二十一世纪出版社,2014年8月第1版,赵静译)是一首赞美新生命的颂歌,是送给孩子很好的礼物和完美的家庭藏书,它将浪漫、温情、诗意的图画与文字融为一体,让孩子一出生就意识到生命的独特与珍贵。作者南希·蒂尔曼,是美国职业图画书作家,《纽约时报》畅销书作家。她天马行空地调集了世间万物,从翩翩起舞的北极熊,到万里归乡的大雁、温柔如水的明月,再到天堂里齐鸣的号角,来歌颂这世间最为奇妙、美好的事情——新生命的诞生。

力荐理由

年岁渐长,常会想起童年往事,想起那些个冬天寒夜,在小伙伴家看完了电视之后,溜回家,爬上床,黑暗中外婆立即用双手抓起我冰冷的小脚丫捂着,倘若手心的温度不够,则会把我的小脚抱在她胸口……

我的生活中，都是外婆，小时候觉得足够了，长大后渐渐感觉到生命中缺少了一些什么。一些什么呢？直到我有了孩子，并且遇到了《你出生的那天晚上》，才明白。

一切还得从怀孕说起。怀孕后的我很想跟着潮流给肚子里的宝宝好好胎教一番，可是当我尝试着和"他"对话时，却发现根本开不了口，像"宝宝你好，我是你的妈妈"之类的话想想都觉得矫情。怀孕归怀孕，我是我，"你"是"你"，胎教只能作罢。

这样生分的状态持续到孩子出生的几个月之后，在和孩子一天天的相处中，我隐约感觉到心里有一种情感在苏醒，我们终于能"对话"了。孩子两岁多的时候，在朋友的推荐下网购了绘本《你出生的那天晚上》。光看封面，淡淡的温情已从心底蔓延开来：繁星满天的夜色中，一轮圆月悬在空中，两只北极熊闭着眼睛在雪白的冰面上相拥起舞。细细一看，这圆月分明是一张胖娃娃的笑脸……

这是一本既能温暖孩子，又能疗愈大人的绘本。当作为成人的自己质疑自己来到这个世界并不那么受欢迎时，请记住，月亮、星星、微风、细雨、树林、海洋、北极熊、大雁、七星瓢虫……万事万物都在欢迎你的到来，因为"你就是你，世间唯一的你"。

让我们与南希·蒂尔曼的作品一起来传播爱吧！

陪读策略

阅读前营造一种氛围

良好的阅读氛围能让小朋友在放松的状态下尽情享受阅读的愉悦，只有享受过阅读的乐趣，才能激起阅读的兴趣。在孩子的阅读起始阶段，这样的体验尤为重要。

在一个宁静的晚上，我关掉电视，放下手机，就着温馨的灯光陷在沙发里，儿子坐在我的腿上，我的双臂抱着他小小的身子，打开一本书：

书中用纯白的底色来衬托诗一般的文字，空灵洁净。图画部分则色彩奇异斑斓，将现实世界的万物与飞扬的思绪相互交融，拓展出无限想象的空间。作家反复向世人宣告：每一个孩子都是独一无二的，都是上天赐予我们的珍贵而神圣的礼物。

朗读时带上饱满情绪

当看到扉页上那一行小字——因你的受造，奇妙可畏……我第一次意识到一个小生命的出生确实是件神圣而又奇妙的事。我带着一颗虔诚的心开始给儿子朗读：

你出生的那天晚上
月亮笑了，带着惊喜，
星星也偷偷地望着你。
晚风轻声低语："新的生活开始了。"
因为，在这个世界上，从来没人……
和你一样。
风啊、雨啊，都为你着了迷，
他们轻声呼唤你那美妙的名字。
你的名字动听而有魔力，
让我们停下来大声念吧。
（你就是你，独一无二……）
你的名字在微风中飘过田野……
（在这个世界上，谁会和你一模一样？谁呢　谁呢　谁呢）
越过海洋……
掠过树梢……
直到每个人都听见你的名字，
每个人都认识你，
独一无二的你。

从来没人有你这样的眼睛，
你这样的鼻子，
你这样扭来扭去的嫩脚丫。
好了，现在让我来数到三，
然后就蹬蹬你的小脚丫吧。
听到你的名字，
北极熊彻夜跳舞到黎明。
大雁从遥远的地方飞回家。
月亮一直醒着，到第二天早上。
没有一只瓢虫愿意飞走。
所以，当你不敢相信自己有多么独特，
当你想知道谁在爱着你、有多么地爱你，
请听一听天空中大雁的鸣叫。
(它们正在唱着歌，向你致意。)
请看吧，北极熊在动物园里睡着了。
(那是因为它们曾整夜为你跳舞!)
或者，伴着风声悄然入睡吧。
(侧耳倾听，清风又在低声吟唱你的名字了!)
如果有一天，月亮整夜高挂天空，
瓢虫落在你身边，不肯离去，
或者小鸟停留在你窗前，
那是因为它们都想看到你甜美的笑容……
因为在从前的故事或歌谣里(即使是很久很久以前)
从来没出现过一个你，我的宝贝，
以后也永远永远不会……
天空里每一只号角都为你吹响，

在如此美妙、神奇的你出生的那天晚上。

这不是我第一次给儿子读绘本，可感觉是真正意义上的第一次“亲子共读”。书中的每一句话、每一个字都像是我心底未曾说出口的爱！这份爱很细腻，很夸张，也很真实。作者把我想说的话，用清澈的，像月光一样优美、纯净的诗歌般的语言写出来了。我轻轻地，带着感情朗读，儿子出生后的日子如同电影一般在脑中回放；儿子静静地听，时而露出不易察觉的羞涩的微笑，时而动动他的小脚丫，时而数数一共有几只小瓢虫为他停留……

饱含情感的朗读必然是有力量的朗读，即使普通话不是那么标准，也不具备高超的朗读技巧，但只要你是用感情在读，孩子一定能感受到，也能跟着你的朗读让思绪飘荡。

合上书延续爱的供养

读完整本书的那一刻，两岁多的儿子表现出与往日听完故事不一样的喜悦，虽然他还不会表达，可是眼中分明是“当了一回故事主角”的满足。而我呢，终于明白一直以来让我耿耿于怀的是，儿时的我未曾从父母那儿得到过“听得见或感受得到的爱”，以至于很长一段时间不知道如何向儿子输出我的情感。“己所欲，施于人。”这本书打开了我尘封的心门，至此，向儿子表达我满心的欢喜不再是难事，“宝贝，妈妈爱你”“宝贝，你是独一无二的”之言，信口拈来。

后来的某天，和三岁多的儿子聊到了“爱”和“喜欢”这个恋人之间纠缠不清的话题，他说：“喜欢是我表现好，妈妈才喜欢我；爱是不管我表现好不好，妈妈都爱我的。”喜欢是因为你的好，爱只因你是你！如此智慧的话语从一个三岁孩童口中说出来，着实吓了我一跳，激动得立即在朋友圈分享，看着朋友们的评论。我想，教会我和儿子爱和被爱的正是这本《你出生的那天晚上》。

中国人习惯于自己是渺小而轻微的个体。或许从来没有父母和老师告诉过我们,“我”是那样值得看重和讴歌。生命在我们看来有时如同鸿毛。但是,通过这本书,我们知道:我们每一个人都应该活得像颗极品宝石,不仅灿烂如花,而且被万物看重。为这,我们值得庄严而自豪地度过每一分钟。

记住,你就是世上的奇迹!

带你遇见不一样的童年

——《巴夭人的孩子》陪读策略

书本简介

著名儿童文学作家及研究者、著名摄影师彭懿首次推出摄影图画书《巴夭人的孩子》(明天出版社,2016年3月第1版),以镜头记录一群漂泊在海上的孩子。作者颠覆了外来者居高临下的视点,采用巴夭人孩子的口吻,讲述他们漂泊在海上的真实生活。在美丽的大海上,有一群快乐的孩子,在他们身上,我们忍不住思考幸福的真谛:这些孩子幸福吗?什么是童年的幸福?幸福怎样才不会被剥夺……该书另有导读折页,记录了创作背后的丰富花絮。作者精彩而幽默的讲述,以及更多生动、美丽的图片,一定能让读者大开眼界。

力荐理由

巴夭,又译巴瑶,出自印尼语Bajau,是“海上之民”的意思。巴夭人是一个神秘的民族,因为他们世世代代生活在菲律宾、马来西亚和印度尼西亚之间的珊瑚礁三角区,漂泊海上。又有人将他们称为“海上的吉普赛人”。

这本书值得你期待。这几年一直在低段教学，和小朋友共读了很多的绘本，对于彭懿可以说是喜欢至极。很多孩子能把彭懿翻译的那些绘本都说出来，对于那本幻想小说版的绘本《妖怪山》更是读了不知多少遍。之前，有一次去听彭懿老师的讲座，他谈到《巴夭人的孩子》的创作，我对这本书充满了期待。这是一本摄影原创图画书，无论是题材还是创作的方式，都绝对值得我们期待。

我们知道，摄影和绘画都是艺术，但二者的表现形式是完全不一样的。摄影讲究的是减的原则，在一个画面中聚焦于最能表现主题的某个人物或场景。而绘画则相反，在一个画面中可以表达多个场景。用导读中的话说就是：“摄影，是对历史连续性的中断，是从川流不息的时间长河中抓取静止的一瞬。而图画书，是用图画和文字来共同讲述包含了时间流动的故事。”用不连续的摄影来讲流动的故事，这可能吗？可能！

终于拿到这本摄影图画书后，和孩子一起共读，发现借助于摄影，一样能表现出图画书所要传递给孩子的各种视觉和情感体验。

这本书值得你回味。《巴夭人的孩子》以摄影作品来讲述一个完整的故事，是该书在艺术上的一大创举。该书记录的是漂泊在马来西亚仙本那一带的巴夭人贫苦却又快乐的生活。彭老师把镜头对准了一群在“世界上较美的地方”生活的孩子：他们住着简陋的水上屋，爷爷和爸爸都以打鱼为生，妈妈则在家里忙个不停；每天，他们奔跑、戏水、爬树、荡秋千，再乘着独木舟，在阳光灿烂的海上睡一个舒服的午觉……这本书更像是一本摄影专辑，一张张照片美得让人窒息，可是整个故事读下来，有种无形的压迫感，让人无法呼吸。拿到《巴夭人的孩子》一遍读下来，心里无尽的酸涩。

他们天堂一般美丽的生活环境，以及充满神秘气息的文化，都在书中有精彩的呈现，带给读者强烈的惊奇和视觉冲击。作者颠覆了外来者居高临下的视点，采用巴夭人孩子的口吻，讲述他们漂泊在海上的真实生活，讲述巴夭人自己的真实故事，不带任何主观色彩。通过这本书，作者想告诉孩子：在这个世界上有这样一个地方，生活着这样一群人，过着这样一种生活；这里的孩子很快乐，这里的孩子和你有个完全不一样的童年。在我们所背离的、所唯恐避之不及的角落里，大自然和天性依然用最纯净的力量在守护一些不为人知的童年，给予他们世人所无法想象的丰盈与祝福。我们可以在书中欣赏到马来西亚仙本那一带令人屏息的绝美风光，而书中传递的人文情怀以及普世价值，更给读者带来了深沉的阅读感受。巴夭人的村子有大有小，大多住在无名小岛的边上，也有的一家十来口挤在一条不大的船上。巴夭人每家孩子极多，五六个算少的。因为巴夭人的身份不被承认，没有国籍，所以他们不能上岸，自然，他们的孩子也就不能上学了。每一个读这本书的人都会不由自主思索：这些孩子真的幸福吗？什么是童年的幸福？幸福怎样才不会被剥夺……

这本书值得你思索。这一幅幅摄影作品，像一部纸上电影，带着我们来到马来西亚的仙本那，去感受巴夭人的生活。孩子们或者能从书中看到与自己不一样的孩子们奔跑、跳水、游戏，在静谧的阳光下享受美好的时光。而作为成年人，或者能从中感受到宁静美好的时光之下，他们生活的艰辛。图画书的多样性，恰恰就在这，给阅读者以不同的思考和视觉体验。

彭懿说："这样的童年，对我们来说太遥不可及了。所以，我想把它原汁原味地呈现给大家。每个人都渴望拥有这样一个童年。比如我，我的童年就没有这么有趣，所以我作为一个童书作家，总是不满足，总是在自己的小说里给自己塑造一个又一个有趣的童年。我想，这本《巴夭人的孩子》，就算是我送给每一个大人和孩子的礼物吧。我们没办法拥有这样的童年，但至少，它还可以让我们去向往。"

诚如苏珊·桑塔格所说:“照片其实是捕捉到的经验,而相机是当意识想要获得某种东西时的理想手臂。”《巴夭人的孩子》就是彭懿通过摄影、选择图片与文字撰写,将自己和孩子置于和世界的某种关系之中。通过对巴夭孩子日常的呈现,彭懿提供了对世界的独特解释——面对《巴夭人的孩子》,我看到了什么?起初我看到的是一系列的问题:如何以美丽描绘贫苦,又如何以贫苦书写快乐?如何以现代凝视远古,又如何以远古眺望未来?如何以天堂藏起绝望,又如何以绝望生出希望?

在这本既困难重重又无比美好的小书里,彭懿最大的力,不仅是打破世人对贫穷的巴夭孩子之固有想象,更重要的是,他打破了自己所惯常的,以幻想描摹童心世界的方式,将马来西亚仙本那巴夭族孩子的荣耀与梦想,阵痛与欢欣,真实地映照在每一个阅读这本书的孩子心象之上。

这样一来,孩子将会看见无拘无束的海上游戏;成人将会思考“巴夭人的孩子长大后会怎样”;环保爱好者将会看见碧水和蓝天;教育爱好者将会关心儿童的受教育问题;各类学者则可能会展开阶级的、性别的、后殖民的、人类学的分析……好作品就是这样的千层糕。古斯塔夫·马勒说交响乐应该像世界一样无所不包,《巴夭人的孩子》对此回应:没错,图画书也应该像世界一样无所不包。

陪读策略

尽管我早就知道一些巴夭人的故事;尽管我早就知道他们素有海上吉普赛人之称;尽管我早就知道他们没有国籍,不被承认……即使有了这么多的尽管,当这样的文字陈述与孩子们的笑脸映衬在一起时,我还是忍不住难过。我相信巴夭人的孩子们的快乐是真实的,我也没有资格去同情他们物质上的匮乏、生活上的艰辛、教育上的缺失,但作为一个妈妈,我还是无法控制住自己不伤感。只因为今天,我知道了有这样一群孩子,是如此在海上生活的。于是我开始纠结,我要不要把这个故事讲给我的女儿听？我该用什么样的方式读给她？

照片，照片，仔细看一看

图画书是许多孩子接触的第一本书，而这本书中不仅有文字，还有最吸引孩子眼球的照片。清透的蓝天，飘逸的白云，晶莹的海水，再加上孩子们干净、纯粹的笑脸，仿佛是一处无忧无虑的桃源。

我把这本书带回家时，我3岁的小女儿小雨点迫不及待地接过去。我们习惯性地先看封面。封面是清澈的海面，水草摇曳，三个孩子在划船。孩子更关注孩子，小雨点的注意力放在了封面照片中孩子们的动作上。

“妈妈，三个小朋友在划船！”

“妈妈，他们在大海上划船！”

“妈妈，大海好美呀！”

“妈妈，我可以去这里玩吗？”

小雨点也不急于要我回答，马上又满心欢喜地翻开下一页，嘴巴不停地说：

“妈妈，他们在游泳！”

“妈妈，他们会爬树！”

“妈妈，他们跳水了！”

“妈妈，我也想到这里荡秋千！”

“哦，妈妈，他们怎么不穿衣服？”

“哦，妈妈，这个小朋友还抱着一个小朋友。”

小雨点越往后翻，越有不同的发现，语气由兴奋和羡慕变得不解和担心。

文字，文字，用心读一读

小雨点还不识字，接着我根据文字介绍巴夭孩子的日常生活：划船、游泳、奔跑、爬树、荡秋千等。他们的爸爸妈妈生活很辛苦：爸爸打渔，没有打到鱼就只能饿肚子；妈妈的家务很多，没有时间陪孩子。当我讲到“他们不知道自己的生日，不知道自己几岁”时，小雨点大吃一惊。我解释道，他们整天玩耍，不上学，不识字，没有日历。他们是海上的游牧民，没有国籍，吃的食物只有鱼和椰子。他们没有薯片和冰激凌，没有玩具和电脑。

交流，交流，认真想一想

一整本读下来，小雨点意犹未尽，竟然主动要求我给她读后记的文字。当我读到“巴夭人的身份不被承认，没有国籍，所以他们不能上岸，自然，他们的孩子也就不能上学了”时，小雨点惊讶地问：“为什么呢？”我答：“可能是因为历史遗留的原因，所以周围的国家不愿意去接受他们吧。”没想到小雨点马上热切地说：“我愿意接受他们！”当她的这句话脱口而出的时候，我突然意识到我做了一件多么正确的事情。这样的书，真的应该读给孩子们听，让孩子们知道这个世界有与自己不同的存在，有与自己不同的生活。孩子们所能理解和容纳的远比我们想象的大和阔，他们比我们更懂得：不应忙着去评判，而应该是尊重和接纳。

读完故事，小雨点有点沉默，一缕抑制不住的伤感慢慢溢了出来。巴夭人的孩子，虽然自由，但是物质匮乏，小雨点由一开始的羡慕转为担忧。我只是想告诉小雨点每个人的童年都不一样，世界上有许多人，生活或幸福或悲惨。我们现在的生活很幸福，耍赖和哭闹是多么不懂事。我们可以上幼儿园学到很多知识，可以旅行看到不同的风景，而巴夭人的孩子只能一辈子在海上，当然他们过着无忧无虑的生活，也很好。

“妈妈，我可以把我的生日礼物全部送给这些小朋友吗？”

“妈妈，我想把我的玩具送一些给他们。”

“妈妈，我可以到那里去看一下他们吗？”

那里的风景确实很美，孩子也很快乐，有机会可以去看看。

一定有办法

——《爷爷一定有办法》陪读策略

书本简介

《爷爷一定有办法》(明天出版社,2013年4月第2版)的作者是加拿大作家吉尔曼,她的书充满着奇妙的想象力,曾获多次童书大奖;译者是宋佩进。《爷爷一定有办法》写的是一个充满智慧的老爷爷用巧思把孙子心爱的破毯子变成外套、背心、领带、手帕、纽扣……这原本是一个流传已久的民间故事,作者用重复而富节奏的文字来重述,既温馨又朗朗上口。

力荐理由

《爷爷一定有办法》——一本温情而又充满力量的绘本,看似不太起眼,但是那乐观向上的书名,恰如其分地渲染着书中藏着的神秘色彩,更赋予了爷爷神奇的力量。当毯子过于老旧的时候,满腹智慧的爷爷总能让它起死回生,像变戏法似的把它变成另一种新鲜而实用的玩意儿——外套、背心、领带、手帕、纽扣。小约瑟在这个奇妙的变化过程中，了解到了从无到有的神秘与智慧。这是一个简单无比却又意味深长的故事。在这本柔软的书中，溢出文字的是满满的亲子和谐。充满魔幻色彩的爷爷，作为家庭角色的代表与缩影，顺利建立起与孩子之间融洽而稳定的亲子纽带。人物之间的和谐，新旧之间的和谐，时光交替之间的和谐，折射出面对万物变化时的积极心态。

图文并茂的绘本故事，色彩明丽，构图巧妙，刺激孩子眼球发育的同时，也深深地吸引着孩子的阅读目光：封面上慈爱祥和的爷爷牵着天真可爱的约瑟，神情亲近，目光柔和；小约瑟张开小手，迈开脚步，像是正准备着探索全新的世界，彰显生命之活力；路旁青绿色的草儿，焕发着勃勃生机——岁月流转，无碍亲情的延续。阅读者在画面中切实感受着温暖的人文情怀。

书中文字短促、质朴而温馨，背后饱含着的浓浓亲情，更是每一个人记忆深处深藏的一份割舍不断的童年回忆。每个人的记忆中，似乎都有一位慈祥和蔼的老者，在落日余晖中安静、祥和地注视着我们，陪伴着我们，祝福着我们，保护着我们，勾起我们美好的遐思。简单而自然的文字表达，十分适合学龄前儿童通过触摸文字亲近文学，感受文字带来的美好与神奇，并在毫无压力的状态之下随性阅读、自然阅读、亲子阅读，从而让孩子产生良好的阅读感受，培养孩子的阅读意识与阅读兴趣。

虽说这是一本简短的绘本故事，但书中潜藏着许多“隐藏”书目。丰富的画面为孩子的阅读创造了无限的想象空间，阅读变得更加多元化，阅读层次也伴随着孩子不同深度、不同眼光的阅读而变得日趋丰满。大故事中暗藏着小故事，大情节中穿插着小情节，这是一本充满再创造价值的书。约瑟在爷爷的智慧下经历了从毯子到纽扣的再生，而小老鼠一家也在经历着从无到有、从少到多的喜悦与充盈。勤劳的双手、灵动的头脑、温情的港湾能为我们创造一切的不可能。大抵,这也是生存的智慧和生活的艺术。谁能说这不会在孩子幼小而懵懂的心田中播种下一颗充满爱和能量的种子呢?

陪读策略

家有顽童

如今胎教、早教盛行,而我家宝宝似乎巧妙地避开了所有有计划的教养,过于放养和随性。家人一致认为,对于小月龄的孩子来说,教育应该是无声的渗透和言传身教,而不是正儿八经的正襟危坐。谁知,这成了噩梦的开始。

也许是因为约束较少的缘故,我家宝贝和其他孩子相比,明显好动许多,在手抱时期就喜欢180°旋转探索世界,蹒跚学步后更是动如脱兔,无法控制。只有孩子每每沉沉睡着的时候,她爸才会深深感喟:“世界都安静了。”孩子一睁开眼,她爸便如临大敌:“小霸王醒了!”家有顽童,新手爸妈束手无措。久而久之,孩子便养成了“能走便不站,能站就不坐,一坐就扭屁股”的习惯,所以对于孩子的阅读习惯,起初并没有太过强求。因为孩子坐不住,也闲不下来,所以当身边同龄的孩子都开始阅读、识字的时候,我们才开始给孩子读故事。

谁知,听故事竟每次惹得一个摔破皮都不掉泪的女汉子奔溃大哭。听《红舞鞋》的故事,只要听到“穿上它,竟然一直跳啊跳啊跳啊,怎么都停不下来……”,小顽童便奶声奶气地哭:“不要,不要,不要跳……哇……”听《生气汤》的故事,但凡讲到“珍珠阿姨开车横冲直撞,差点轧死了三只贵宾狗……”,小顽童便撅着嘴,眼里噙着泪:“不要死,不要死,贵宾狗……不要不要……”听故事似乎成了她的噩梦,总是在欢蹦乱跳中开始,在撕心裂肺中结束。

但在孩子的哭声背后,我陷入了思考:孩子为什么哭?她不是没有缘由的哭，她能听懂我在说什么，她能感受到文字背后在传达什么，她甚至可以做到和文中的人物共情。家有顽童，泪腺发达，情感丰富，我似乎对孩子阅读兴趣的培养充满了信心。我对孩子喜欢阅读这件事是自信的，她一定也能感受到。父母的心态，可以成就一个未知的孩子。

从我失败的阅读陪伴经历来看，任何时期的阅读都是需要的，千万不要觉得孩子还小，没有必要。我们对孩子的认知，不能建立在我们对成年人学习方式的思维上。父母要对孩子的认知有一定的敏感度，抓住孩子的兴趣点，抓住孩子的阅读萌芽期。在陪伴阅读的过程中有挫败感也是十分常见的，也许孩子对故事的内容一概不知，也许孩子并不愿意长时间投入阅读，也许孩子还会莫名地将书撕破……种种困境的存在都在告诉我们，我们面对的是一个特殊的对象，一个需要建立阅读规则的对象，切记不可操之过急。

以爱“绑架”孩子

当孩子在听故事的过程中出现抗拒情绪的时候，我便选择适可而止，绝不让孩子在阅读之初就认定这是一件有压迫感的事情，道理很简单：第一印象很重要。慢慢坚持了一段时间之后，发现孩子对“书”有了一些简单的认知：书是可以看的，书可以翻着看，书里有图画还有字，看书是一件随性的事情……让孩子与书籍亲密接触的同时，引导孩子在阅读过程中处于一个放松、自然的状态中，比如舒适的环境、柔和的灯光以及阅读前的仪式感……当孩子的注意力不能长时间地坚持在“阅读”上时，也选择与孩子温和地交流，毕竟不论有意注意或是无意注意对于孩子来说都是一种学习。我们始终要记住，教育是源自于爱的，对孩子阅读兴趣的引导更需要耐心和爱。这对孩子后续阅读兴趣的培养十分重要。

此后，我便慢慢尝试让孩子开始和我一起亲子阅读。除了让孩子爱书之外，选择合适的读物也尤为重要。阅读是一个建立在原有认知基础之上的认知碰撞和再联想建构的过程。选什么样的读本好呢？我并没有在上面花费过多时间，毫不犹豫地决定再次以爱的名义来“绑架”孩子，选择了《我爸爸》《我妈妈》《爷爷一定有办法》三本绘本，作为亲子阅读的开端。看似随意，其实这份“绑架”是建立在孩子对父母、家人、家庭生活有真切的感受和认知的基础之上的，让抽象的阅读过程围绕孩子的具象生活展开，让孩子在阅读书籍的同时怀有一份与生俱来的亲近感，为孩子的阅读感受与联想建构搭建了良好的平台和梯度。

在此提醒新手爸妈们，选择读物时要有针对性并且有计划地进行，尽量不要今天这一本，明天那一本，阅读的序列性有助于阅读兴趣与阅读能力培养的循序渐进式推进。孩子的心里可以没数，我们的心里要有个谱儿。

爱他，就“利用”他

什么样的事物最能引发我们的关注？当然是喜欢的东西啊！喜欢的链子可以天天带，喜欢的物件一声不吭就买，喜欢的人儿一日不见如隔三秋……所以在三本绘本的阅读上，我是有所侧重的，《我爸爸》《我妈妈》为《爷爷一定有办法》作铺垫，让孩子知道书籍是贴近我们生活的，它并不遥远，并不是高深莫测的，而是真实又搞笑。在轻松愉快的阅读氛围中，孩子只要能感受到父母角色的差异即可，不作深入的阅读要求。

小顽童天生和爷爷特别亲近，看到爷爷便滴溜滴溜转着眼睛，哭闹的时候只要爷爷一接手便止住眼泪，拍嗝也只有爷爷来了才能顺利完成……孩子喜欢爷爷，何不将爷爷好好“利用”一番？

看书前，我问她：“你最喜欢谁呀？”

“爷爷。”这答案是意料之中的了。

“爷爷最喜欢谁呀？”

“我呀！”小顽童很是自恋。

“你知道约瑟的爷爷吗？听说他是个很厉害的人哦……”我一边说，一边指指书的封面，“这是谁呀？”

“这是约瑟，这是约瑟的爷爷。”我发自内心为23个月大的宝宝感到骄傲和自豪。我也庆幸，给了孩子足够的时间和宽容去成长。

约瑟的爷爷厉害在哪儿呢？我将书名读给孩子听：“爷爷一定有办法！”重读“一定”二字，让孩子知道约瑟的爷爷很会想办法，遇到什么困难都不怕。文中爷爷做的奇妙的毯子到底奇妙在哪里？不是它足够舒适和温暖，也不是它可以赶跑噩梦，而是它永远带着爷爷对约瑟的爱，长久地陪伴着约瑟的成长。这个世界上，永无止境的延续，不都源自于“爱”吗？

简单地浏览，便完成了第一次阅读。也许孩子的表现看起来对故事的内容并不是很理解，请千万不要操之过急。书是可以反反复复看的，粗浅的阅读让孩子对《爷爷一定有办法》有了初步的碰触，遇到了未知，而这份未知将会是孩子下一次阅读的动力和兴趣点所在。所以，当孩子要求再看这本书时，请千万不要对他说：“这本书我们已经看过了啊。”

对阅读到的书本知识，还需要将其迁移到孩子真实的生活中来，以此加深孩子的阅读感受，让孩子在阅读联系生活的过程中引起其对阅读的共鸣。如果你认为孩子这么小，没有必要，或者孩子根本不知道，那可就大错特错了。孩子是天生的诗人，也是天生的学习家，他们总是在默默观察周围的环境，学习环境中的一切。一旦孩子发现，书本和生活可以联结，他那小小的心灵必定会受到震撼，就会对阅读这件事多一份敬意。所以，一定要让孩子建立在生活经验上阅读，又要将阅读收获迁移到生活之中。

“还有谁的爷爷也很厉害呀？”我笑着问她。

“我的爷爷很厉害。”小顽童也笑了。

凡事预则立，不预则废。阅读也需要预热。小顽童喜欢爷爷，那就好好“利用”爷爷，建立起孩子心中爷爷的形象，树立起爷爷在孩子面前的威信，利用孩子与生俱来对爷爷的亲近，让孩子亲近读本，亲近阅读。

有声有色，浑身是戏

要让阅读成为孩子喜欢的一件事，光有亲近，大概是不够的，还要让孩子在阅读的过程中充满成就感，感受到成功的喜悦与甜蜜。孩子具有极佳的语言天赋，也是不可多得的艺术大家，我们可以大肆利用孩子的艺术天赋和模仿能力，提高孩子的阅读参与度，让孩子在阅读的过程中模仿不同的人物神态、语言，尽量让阅读充满乐趣，并由此拓展阅读的宽度。

在阅读《爷爷一定有办法》时，我着重关注文中的重复性动词和拟声词，比如“翻过来，翻过去”“缝进，缝出”“喀吱，喀吱”等，在阅读的过程中夸张地表演这些动作，发出类似的声音，让绘本阅读变得有声有色。孩子一边读一边看一边模仿，乐此不疲，这一招深深地吸引了孩子的眼球。我们的表演只有夸张才能有带动作用，带动孩子一同模仿，一同在模仿中积累语言，丰富孩子的词汇量。

陪读时，为了吸睛，我们可以是一个戏精。放心吧，孩子绝对比你还要抢镜。当我浑身是戏之后，小顽童似乎保持注意力集中的时间更长了，阅读的过程也变得轻松而快活，爸爸也慢慢改变了对小霸王的看法。戏精式阅读，拯救了这对父女，也释放了我们一家人的天性。当然，丰富孩子语言的同时还可以在生活中再现文中的词语。早上起床的时候可以在床上打滚，一边滚一边说：“翻过来，翻过去，翻过来，翻过去……”吃早餐的时候可以夸张地咬合嘴巴，一边咬合一边说：“吃东西，咬啊咬，喀吱，喀吱……”我们在说的过程中，引导孩子参与到语言运动的过程中，久而久之你会发现，不知哪一天孩子就突然能够恰到好处地运用了，一切都是那样的水到渠成。

初见成效

我认为阅读是有延展性的,它不仅仅只是停留在纸面,生活处处都可阅读。当孩子喜欢上阅读,尤其喜欢《爷爷一定有办法》之后,我们在生活中处处渗透爷爷的神奇力量。不论遇到什么难题,我们都假装面露难色,让孩子寻求爷爷的帮助,孩子脑海中不断复现“爷爷一定有办法”,对爷爷的敬佩和喜爱更是与日俱增。

突然有一天,孩子寻求我的帮助时对我说“妈妈一定有办法”时,我竟诧异、惊喜到差点落下泪来。当我们希望孩子自己解决问题的时候,我们便鼓励她:“宝贝一定有办法!”她也许并不知道“一定”是为何意,但从那坚定的语气、神情中我确信,她感受到了文字带来的神奇力量。

从《爷爷一定有办法》开始,每天晚上洗完澡后便是孩子的阅读时间,雷打不动。有时时间晚了,担心孩子没有足够的睡眠时间,我们想要关灯蒙混过关,小顽童便如纪检委员般认真:“我还没看书呢!”

《呀,屁股》让孩子知道每个人都有屁股,每个人的屁股都要好好保护;《鳄鱼怕怕　牙医怕怕》让孩子养成了早晚刷牙的好习惯;《大猩猩晚安》,让孩子不再害怕关灯,不再惧怕黑暗,在睡前甜甜道一声“晚安”。

最近,她重新开始阅读《生气汤》,不仅不再哭鼻子了,还尤其喜欢那条叫“露露”的奶牛。陪读,让孩子和父母都有了一次新生的机会,有了一次更加深入相互了解的机会。我多么庆幸,我和我的孩子,一同成长。

大卫在哪里

——《大卫,不可以》陪读策略

书本简介

《大卫,不可以》(河北教育出版社,2007年4月第1版)的作者是美国作家大卫·香农,由余治莹翻译。该书主要描述的是一位妈妈对天真无邪、把家里搞得一团糟的小男孩开心又释怀的故事,曾获美国凯迪克大奖。

力荐理由

大卫是一个调皮捣蛋、爱搞恶作剧的男孩儿。他的妈妈,是一位话语简单,但又对孩子充满爱的母亲。她常常对孩子说:“大卫,不可以!”书里用图画还原各种生活情境,列举出种种妈妈禁止孩子做的事情。

淘气的大卫经常做让妈妈头疼的事。他伸着舌头,站在椅子上颤颤巍巍地拿糖罐;他一身污泥回家,在客厅的地毯上留下一串黑脚印;他在浴缸里闹翻了天,又光着屁股跑到了大街上;他拿锅铲当乐器,在餐桌上玩食物;他把自己打扮成超人,在床上又蹦又跳……有一天,大卫在屋子里打棒球,把花瓶打破了。这下可了闯大祸,大卫被罚坐在墙角的小圆凳上。这时,妈妈说:“宝贝,来这里。”妈妈给了他一个温暖的拥抱,对他说:“大卫乖,我爱你。”顿时就化解了大卫所有的眼泪和委屈。一个童年恶作剧的故事就收场于这样一个爱的动作。不管孩子有多调皮,可是当他伤心的时候,母亲的怀抱永远是他温情的港湾。

《大卫,不可以》这本绘本是作者大卫·香农模仿自己五岁时的涂鸦而创作的。他五岁那年,画了他一生中的第一本图画书,记录了一件件妈妈不允许他做的事情。许多年以后,当他早就遗忘了自己的这本涂鸦之作时,妈妈却把这本涂鸦本寄给了他。于是,在隔了三十九年之后,长大成人的大卫·香农终于让自己童年的涂鸦重见天日,用这本《大卫,不可以》来和读者一道分享这段温馨的成长回忆。《大卫,不可以》1988年一经出版,便获得凯迪克大奖,入选《纽约时报》年度最佳绘本。

这是一本关于教育的绘本。仔细推敲,应该说这是一本以关于安全健康教育为主的绘本。只要细细解读,我们就能深挖出更多超越作者意图、超乎想象的教育资源,还能联系生活实际,借助想象,去深掘图画文字背后的“奥秘”,以及带有教育意图的和教育味道的“秘密”。

陪读策略

大卫藏在图画中

被同事戏称为“低段专业户”的我,本学期又有幸成为了一年级班主任。开学第一个月是习惯养成的关键期。而枯燥的说教,对刚入学的一年级新生来说简直是“对牛弹琴”,丝毫起不了作用。只能借“他山之石”,通过形象生动的绘本故事,帮助一年级新生养成良好的习惯。

《大卫,不可以》是我为孩子们选择的第一本书。这本书是由大卫·香农根据自己童年时的涂鸦改编而成的绘本故事书,画面充满了童真童趣，文中列举的几件小事也非常接近孩子的生活，能引起孩子们的共鸣。

第一次读这本书是在一个温暖的午后，我打开电子绘本，和孩子们一起分享这个有趣的故事。在第一个场景中，大卫踮起脚尖，踩在椅子的边缘上，伸出手臂去拿柜子上的饼干，妈妈说："大卫，不可以！"孩子们专注地听着，有的小家伙一边听一边用手捂住眼睛，一脸的害怕。

我："孩子们，仔细看图，说说大卫正在干什么？"

生1："大卫在拿东西。"

我："再细致地观察图画，说说大卫在拿什么？他是怎么拿的？"

生2："他踩在凳子上，想拿小熊罐子。"

生3："罐子里可能是糖果！"

生4："也有可能是巧克力。"

我："你们说，大卫拿得到小熊罐子吗？为什么呢？"

生1："拿不到，大卫踩在凳子的边沿上，这样凳子会倒的！"

生2："我也觉得大卫拿不到。你们看他皱着眉头，咬着牙齿，手伸得这么长，还是够不着，一定会摔倒的！"

我："哇！你们观察得可真仔细，通过看图，想象画面，读懂故事，真能干！"

我："那么这危险的一幕被谁看到了？"

生："妈妈！"

我："妈妈对大卫说了什么？"

生："大卫，不可以！"

我："妈妈会用怎样的语气说这句话呢？想象一下，如果你就是大卫，爬得这么高，妈妈看见了会怎样呢？"

生1："妈妈肯定会严厉地批评我！"

生2："妈妈会很着急，怕我摔倒了！"

生3:“妈妈肯定很生气,因为她经常教育我不能爬高。”

我:“对啊!妈妈时刻关心着孩子。大卫的妈妈也害怕大卫会摔倒,所以对他说——大卫,不可以!那么小朋友们,要是你们有一天也和大卫一样,想拿柜子上的东西却够不着,你们会怎么办呢?”

生1:“我会叫妈妈帮忙。”

生2:“我会等爸爸妈妈回来再去拿。”

我:“那如果你在学校里,想拿柜子上的书本,值日时想擦黑板上的字,够不着的时候该怎么办呢?

生:“请老师帮忙。”

我:“老师不在的时候怎么办呢?”

生:“请个子高的同学来帮忙。”

我:“为什么不和大卫一样自己站到凳子上去呢?”

生:“这样太危险了!”

我:“是呀,大人不在的时候,不能爬高,爬高很危险。除了不能站在凳子上,我们还应该注意些什么呢?”

生1:“不可以爬栏杆。”

生2:“不可以爬树。”

生3:“不可以爬到桌子上。”

……

就这样,跟随着书中大卫的脚步,孩子们几乎把不可以做的事都罗列了一遍。这节阅读课俨然成了一节有效的安全教育课。在欢声笑语中,孩子们明白了有时需要约束自己的行为。

大卫躲在文字间

读绘本不仅要让图会说话,更要让文字会说话,领着孩子们读懂文字背后的奥秘。在领着孩子们借助图画读懂这个故事之后,我把这本书中的所有文字罗列出来,呈现在大屏幕上,让孩子们找找文字中的秘密：

1. 大卫，不可以！

2. 天哪！ 大卫，不可以！

3. 不行，不可以！

4. 大卫，快回来！

5. 大卫，不要！

6. 不可以玩食物！

7. 大卫，不要吃了！

8. 回房间去！

9. 躺下来！

10. 不可以挖鼻孔！

11. 把玩具收好！

12. 大卫，不可以在屋子里玩！

13. 我说过，大卫，不可以！

14. 宝贝，来这里！

15. 大卫乖，我爱你！

生1："我发现了大卫很不乖，总是闯祸，让妈妈担心！"

生2："我发现这些都是大卫妈妈说的话，她都在说不可以。"

我："对啊，这本书的文字很少，都是大卫妈妈说的话，而且总是重复出现相同的句式。这就是绘本语言的奥秘，简洁明了，句式整齐，又生动有趣，让我们读着读着，感觉像是自己的妈妈在和我们说话。"

我："那么最后两幅图画为什么不用前面的句式来写呢？你读出了什么？"

生1："前面大卫做错事情，妈妈很生气。后面大卫知道错了，很难过，妈妈就安慰他了！"

生2："妈妈虽然很严厉，但他很爱大卫。所以后来妈妈原谅大卫了!"

我:"小朋友,你们真会阅读!通过文字,读出了妈妈的爱!是啊,母爱非常伟大!也许我们常常调皮捣蛋,但这绝不影响妈妈对我们的爱!你们知道吗?这本绘本是作者大卫·香农仿照自己五岁时的涂鸦而创作的。大卫小时候非常淘气,经常犯错,他的妈妈常对他——不可以!在他五岁那年,画了他一生中的第一本图画书,记录了一件件妈妈不允许他做的事情。过了很多年以后,他早就忘了这件事,却意外收到了寄给他的这本涂鸦本。于是,长大成人后的大卫·香农根据自己儿时的涂鸦改编创作了《大卫,不可以》这本书,和读者一道分享这段温馨的成长回忆。这不是普通的一本书,这本书里藏着妈妈对大卫的浓浓的爱!"

听完我的话,孩子们沉默了,也许他们正在借助这本绘本中的一幅幅画面、一段段文字回忆生活中常出现的一幅幅场景,想起了妈妈满腹的唠叨和那温暖的怀抱。母爱,的确需要细品。

大卫就在我们身边

现实中,像大卫这样的淘气包还真不少,我们班就有一位。

姜同学是年级里鼎鼎大名的调皮大王。上课时,他躲进柜子里,和老师"捉迷藏";下课时,他坐在凳子上,对同学亮出"无影脚";做操时,他玩起了"乾坤大挪移",偷偷混入其他班的队伍里,来个"人间蒸发";放学时,他找各种理由不排队,"潜伏"在教室里,搜刮同学抽屉里的各类小玩意儿。可以说,只有你想不到,没有他做不出。

自从和孩子们一同阅读了《大卫,不可以》,姜同学变成了班级里的真人版"大卫",而班级里的其他同学则化身成了"大卫妈妈"。

姜同学在走廊里疯跑,同学们大喊:"大卫,不可以!"姜同学爬到桌子上玩,同学们大喊:"大卫,不可以!"姜同学在黑板上乱涂乱画,同学们大喊:"大卫,不可以!"姜同学用剪刀剪同桌的头发,同学们大喊:“大卫,不可以!”无论姜同学做什么错事,孩子们都会大声提醒:“大卫,不可以!”

其中,最成功的几位“妈妈”,不仅有书中大卫妈妈的严厉,还像书中的妈妈一样会及时给予安慰和鼓励。在姜同学及时改正错误之后,不忘鼓励一句:“改正错误就是好孩子哦!”有时,也会投来安慰的拥抱。

有了众多“妈妈”的管教,调皮大王也不好意思再为所欲为,行为明显收敛了很多。不知不觉中,班里的“大卫”消失了。

阅读拓展

读完《大卫,不可以》,我为孩子们推荐了大卫系列中的《大卫上学去》和《大卫惹麻烦》这两本书。

这一系列绘本能使孩子们在约束自己行为的同时,明白妈妈的苦心。也许妈妈有时候会因为孩子的不乖而生气甚至发脾气,但这并不影响母亲对孩子的爱。不管发生了什么,妈妈都会一直陪在孩子的身边,永远爱着自己的孩子,让孩子对妈妈建立起足够的信任与安全感,坚信父母对自己无条件的爱与支持,进而更有勇气面对成长中的各种挑战。

《牙齿大街的新鲜事》

——《牙齿大街的新鲜事》陪读策略

书本简介

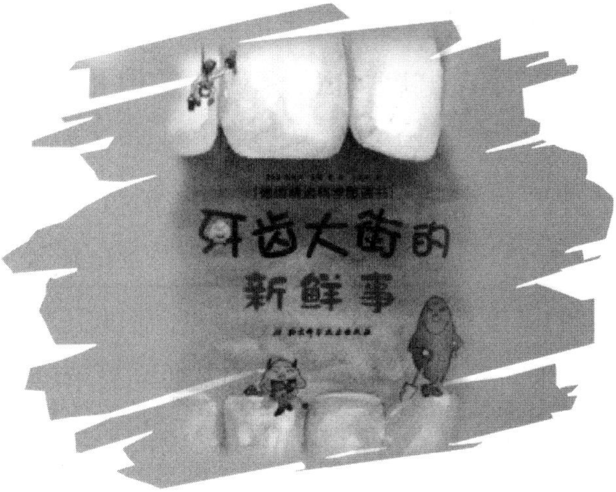

《牙齿大街的新鲜事》(北京科学技术出版社,2011年6月第2版)的作者是德国作家鲁斯曼·安娜,译者是王丛兵。该书刻画了两个古灵精怪又野心勃勃的危险分子哈克和迪克,他们在牙齿上挖洞建房,不仅要修建自己的舒适小窝,还梦想着修建可以出租的豪华公寓。故事情节跌宕起伏,充满意趣,寓教于乐。

力荐理由

哈克和迪克是两个古灵精怪的小家伙。他们的家在牙齿的牙洞里,房子是兄弟俩自己动手建造的。他们俩整天在牙齿里忙活,收集了各种各样的糖果和好吃的东西,储藏在百宝箱里。兄弟俩计划对所有牙齿进行改建,出租营利。他们还给牙齿大街取了一个响亮的新名字,叫“龋齿大街”。兄弟俩成立了物业公司,一个做董事长,一个做副董事长。有一天，牙齿大街来了一把大刷子，还来了许多牙齿警察。牙齿警察把牙齿大街的每个角落都清扫干净了，把哈克和迪克的房间也搜查了一遍。他们所有辛辛苦苦储藏的食物都被牙齿警察清空了，除了储藏室的巧克力。就在他俩准备把储藏室挖得更深一些的时候，一把钩子把他俩连同房子里的物品都吊走了。最后，哈克和迪克被冲到了污水中，漂到了地中海，再也没找过牙齿的麻烦。

孩子到了一定的年龄就要开始学习刷牙，但并不是所有的孩子都喜欢刷牙，会主动刷牙。这让家长们很头疼。爸爸妈妈们肯定给孩子讲过好好保护牙齿的道理，讲过蛀牙的危害，但孩子总是不以为然，不把刷牙当回事。相信这本绘本能帮助家长和孩子解决这个问题。

《牙齿大街的新鲜事》和它的姐妹篇《肚子里的火车站》是畅销德国二十年的经典绘本。作者鲁斯曼·安娜将童心和科学结合，用令人惊讶的想象力和让人捧腹的情节，创造出孩子喜爱的科学图画书。在书中，作者用孩子听得懂、感兴趣的方式告诉孩子蛀牙是怎么回事。她赋予了牙齿细菌极其生动的形象，给我们描述了两个精灵古怪的牙细菌——哈克和迪克。他们很舒适地生活在我们的牙齿里，每天都有好吃的东西自动送上门来。他们还梦想着改建整条牙齿大街。但是，作者怎么可能让作为牙齿细菌的哈克和迪克实现自己的野心呢！于是又一个光荣的形象诞生了——牙膏。

作者赋予了牙膏一个威严神圣的使命——牙齿警察。牙齿警察肩负着保护牙齿的重任，也是在教育我们的孩子爱护牙齿就得勤刷牙。故事的结尾，被牙医驱逐的哈克和迪克在沙滩上晒着太阳，着实惬意舒坦。看到这儿，感觉暖暖的，莫名觉得好笑，作为大人的我都被它吸引住了。

相信看过绘本的孩子都能够好好爱护自己的牙齿。如果牙齿不好就不能吃更多好吃的，对于孩子而言那可是非常难受的哟。

陪读策略

都说牙齿好，身体倍儿棒，吃嘛嘛香，牙齿对一个人来说实在是太重要了。人的一生虽然有两副牙齿——乳牙和恒牙，但两副牙齿是息息相关的。在儿子出生以后，我希望他有一口洁白漂亮的牙齿，就特别留意和牙齿有关的绘本。这其中就包括德国精选科普图书——《牙齿大街的新鲜事》。

随着孩子嘴里的乳牙一颗一颗地萌出，怎样让小家伙喜欢上刷牙并主动刷牙就成了最重要的事。有段时间小家伙对刷牙很感兴趣，只要我们一开始刷牙，他就乐滋滋地跑过来站在旁边饶有兴趣地看。趁着新鲜劲，他开始拿着牙刷和我们一起学习刷牙，结果刷了几天后，兴趣不再，无论如何都不想刷牙了。逼得紧了，儿子来了一句："刷牙好烦，我讨厌！"看来我得想办法了。于是，我拿出了这本《牙齿大街的新鲜事》。一看到封面上大大的牙齿，儿子就喜欢上了，每天都会拿出来翻一翻，再让我讲一遍。

找一找，很新鲜

就这样讲了差不多一个星期，当他对书中内容比较熟悉后，我们开始寻找画面中的细节。我们比赛着看谁的新发现更多。"百宝箱里黑黑的是甘草块！""妈妈，躲在这颗牙齿里的是迪克。""好多的牙齿警察啊！他们每个人手上都有刷子。""这个牙齿警察正在帮忙拉食物碎屑呢！后面还有两个警察在推。妈妈，真有趣！牙齿警察好棒啊！""妈妈，我也要牙齿警察到我的嘴巴里来帮我保护牙齿。"通过寻找书中不起眼的细节，孩子对故事中的牙齿警察更佩服了。他又愿意拿起牙刷了。嘻嘻，暗喜一个！

演一演，好有趣

每次故事讲着讲着，就变成了这样。儿子要求："妈妈，现在我是牙齿警察，你是迪克。我到牙齿来了，你快害怕啊，快点躲起来啊。”或是：“我是哈克，我开始钻洞了。妈妈，你的牙齿开始痛了。”儿子指挥着，我则按照他的要求扮演不同的角色，一会儿演牙齿，痛得“哎哟哎哟”地叫，一会儿演哈克，缩着身子瑟瑟发抖。儿子则开心得手臂乱挥，两眼发亮。趁机的，我们把所有场景演了一遍，还对书中没有描写的片段进行了自己的想象和表演。孩子玩得不亦乐乎，每次讲故事都是一次再创作。几天以后，我发现他能看着图几乎一字不差地复述故事，其实那时他一个字也不认识。好惊喜！

刷一刷，真有用

故事讲到这儿，主动刷牙已经是水到渠成的事了。每天晚上，只要我一说：“快让牙齿警察到你的嘴巴里去呀！”他就乐滋滋地跑去刷牙，一边刷，一边说：“牙齿警察来喽！”慢慢地，晚上吃完东西，他会说：“牙齿警察要开始工作了！”然后自己跑去刷牙。我则配合地应和着：“牙齿警察真好呀，要谢谢他哦。”牙齿警察的形象自此深深地印在了他的脑海中。绘本让他养成了主动刷牙的好习惯，一个有点意外又顺理成章的结果。真好！

我们不一样

——《花格子大象艾玛经典绘本》丛书陪读策略

书本简介

《花格子大象艾玛经典绘本》丛书(中信出版集团股份有限公司,2017年8月第1版)是欧洲“寓言大师”大卫·麦基为2~6岁孩子打造的经典作品,花格子大象艾玛是他成功塑造的众多有趣角色中最令孩子着迷的主人公。

和其他大象灰灰的颜色不一样,有一头叫艾玛的大象,他与众不同,浑身布满规则而整齐的花格子,五彩缤纷,色彩亮丽、鲜美。在五彩斑斓的大森林中,艾玛永远是那头最显眼的。也正是这异于他人的特点,在他身上发生了很多有趣的故事。在这些故事里,他和好朋友们一起慢慢成长着。

全套书共23册,有精美有趣的绘本,有好玩的涂色本,有边读故事边动手的贴纸书。无论哪一本,配图都是那样地精美、绚丽;无论哪一本,都能在简单的故事之后,使我们获取到隐含于其中的智慧,获得快乐。那头诚实、勇敢、机智、善良的花格子大象总能打动每一个读者。

这是一本适合孩子，也适合大人阅读的书。

力荐理由

大卫·麦基，一个喜欢说故事，擅长创作幽默有趣图画的英国天才绘本作家。他从1968年就开始创作“花格子大象艾玛”绘本，经过漫长时间认真地构思，大胆地想象，仔细地绘画，耐心地涂色，精雕细琢地打磨，才于20多年后的1989年首次出版。这就不难理解这套丛书能畅销全球30年，累计销售突破900万册，被翻译成包括手语在内的五十种语言，是英国孩子票选“我至爱的绘本”，获选“好书大家读”年度最佳童书的原因了。它深深吸引着全球无数孩子的心。就冲着这份精致，值得一读！

世界上没有两片完全一样的叶子。艾玛这头特别的大象善用自己的与众不同，转换为他独特的幽默感，带给大家欢乐。在艾玛的身上，我们可以看见人性中的单纯与美丽，也能发觉自己潜在的真性情。满满的正能量啊！就冲着这份纯真美好，值得一读！

寓言会以生动有趣的故事，将深远的道理隐藏于其中，使读者在不知不觉中有所感触。“寓言大师”创作的“花格子大象艾玛”就是这样的绘本：通过一个个别出心裁的故事，让每个孩子都能正视自己的与众不同，“学会爱与宽容，学会接纳自我和善待别人，勇敢地走自己的路、追寻自己的梦想。多少因为自己的‘不一样’而苦恼的孩子，在艾玛身上找到了勇气和力量”。就冲着这份深刻，值得一读！

陪读策略

经朋友推荐听说了“花格子大象艾玛”绘本。一听这名儿，就觉得一定会很有趣。心动之下，我在网上购买了《花格子大象艾玛经典绘本》丛书。

猜一猜,画一画

一日闲来无事,招呼来儿子:“来来来,我们来玩个猜谜语的游戏吧!”

“好啊!”儿子兴致勃勃地跑到我面前,一脸期待。

“上边毛,下边毛,中间一颗黑葡萄。”

“简单!眼睛!”

“厉害啊!再来……”一连猜了好几个,都没难住他。

“耳朵像扇子,鼻子像钩子,大腿像柱子,尾巴像辫子。这回你还能猜出来吗?”

思索了一会儿,他抬起头,试探着回答:“是大象吗?”

“嘿,不错不错!”

接着,我一边说谜语,一边拿起笔画出大象轮廓。“妈妈,棒棒棒!”竖起大拇指,儿子奉承道。佯装苦恼的模样,我对儿子说道:“看!就是少了点色彩。儿子你不是喜欢涂色吗?你觉得大象是什么颜色的?”这回,他不假思索地脱口而出:“当然是灰色的啦!”

“哦,是吗?我就认识一头不一样的大象。他的身上有着横横竖竖的格子,每个格子里又有很多很多不同的颜色。在格子里画上你喜欢的颜色吧!”

看着五颜六色的大象,儿子有些嫌弃地呵呵大笑。

“怎么了?”

“这头大象身上乱七八糟的颜色,怪怪的啊!和我们平常看到的大象不一样!”

“嗯,的确很不一样!大家都叫他花格子大象艾玛。与众不同的艾玛有什么不一样的好玩的事情呢?我们读一读好吗?”

书名入手,猜读故事

随手拿起一本来,黄澄澄的封面上除了那头可爱的花格子大象艾玛,红色的六个大字十分醒目——“艾玛的好朋友”。

“儿子,你猜这本图画书里会看到哪些好朋友呢?”

“嗯,有其他的大象,比如他的表弟韦伯。”

“还会有谁呢?再猜一猜!”

“小猫?小狗?大老虎?小狮子……妈妈,我不知道!翻开来看看吧!”

题目是一篇文章主要内容的高度概括,是全文的点睛之笔,自然也能成为激发孩子阅读兴趣的抛砖石。这样的猜一猜,能不断地激励孩子通过阅读解开心中的一个个疑惑,证明自己的猜测是否正确。

后来我发现这套书的题目都挺有趣的。《艾玛和怪兽》可以让孩子猜一猜怪兽会是谁,什么样子的,艾玛和怪兽发生了什么事。《艾玛打雪仗》可以让孩子猜一猜与众不同的艾玛是怎样打雪仗的,他和哪些好朋友打雪仗,他们最后谁赢了。《艾玛飞起来了》可以让孩子猜一猜,艾玛为什么要飞,他是怎么飞起来的,他飞到了哪些地方……诸如此类的问题大多和故事内容有着紧密的联系,使孩子在阅读中寻找到自己的答案。当然也有可能和故事毫无关系,可是这有什么关系呢?孩子因为这些毫不相干的问题而翻开了书,足矣!

图片欣赏,亦是阅读

随手翻开《花格子大象艾玛经典绘本》中的任一本,你都会被这绚丽多彩而吸引。看,光是封面就能让人欣赏好一会儿呢!或红底绿字,或蓝底红色,或黄底红字……不时还能看到绿绿的森林,蔚蓝的大海,幽静的黑夜……自然,少不了那只斑斓的花格子大象。翻开书再瞧。天啊,每一页仿佛都是一幅幅由彩虹描绘出的巨作,整本书就是一个小型的绘画展。绿油油的草坪,蓝蓝的湖水,五彩的花草树木,还有各种色彩的动物们——长颈鹿、小猴子、河马、兔子……无论是同一色系颜色的汇合,还是冷暖色系颜色的对比,都不会让人感到眼花缭乱。当然最引人注目的就是那只可爱的艾玛。

图片中除了吸引着我们的丰富色彩外，还有那奇异而有趣的形状，光是树就有着数不清的造型：有的像一串串翠绿的糖葫芦，有的像红红的火炬，有的像细长的杆子上扎了许许多多嫩黄的蝴蝶结，有的像挂着一个个圆圆的紫薯面包，有的像垂着一根根金黄大香蕉……

一天，儿子洗漱完毕就回到房间，好久没有听见动静的我生怕有什么不好的事情发生，于是赶紧停下手中的事情去看一眼。不想，他只是静静地坐在那里，一本一本地翻着手里的书。没多大一会儿的工夫，他就翻完了一本，紧接着第二本，第三本……

我怕他随意应付读书，原想打断他，引导他一字一字地仔细读，不可只看图，可转念一想：孩子对世界的认识不就是从具体形象的事物或图片开始的吗？孩子这样看似不认真的态度，实际上是对图画书、绘本最真实和最认真的阅读，故而未干预。

瞧着儿子那专注的眼神一刻不停地盯着书页，目光一会儿落在这里，一会儿又聚焦到另一处，有时翻过这一页似乎有什么发现，又重新翻回来瞧上两眼，大概是心中有了答案抑或有什么不解，偶尔会听到一两声"哦""咦""嗯"，现在想来饶是有趣。

边读边做，乐趣无限

读到《艾玛与好朋友》这本书时，发现这本书竟十分有趣。

打开第一页我读了起来："一个阳光明媚的早上，艾玛醒来以后，决定去散个步。他走到池塘边，遇到了河马和鳄鱼……你能找到河马和鳄鱼的贴纸吗？你知道他们喜欢待在什么地方吗？请把他们贴到书上来吧。"

"哦，妈妈，这个就是我们以前玩过的贴纸书，要我们找到后，然后贴在这里面的。"

果然，在书册中找到一张贴纸。刚拿出来，儿子一把抢了过去："我来我来！"很快他就找到了河马和鳄鱼，对着书页"啪"地就在池塘里贴上了鳄鱼。

“你为什么要贴在这里呢?”

“鳄鱼生活在水里的啊!”

“是的,不过你贴的地方还不太合适和美观。你再仔细看看,其实贴在哪里是有提示的哦!”我提醒道。

儿子看了半天,愣是没有看出来,还是非常肯定地说:“没错啊,就是这样的啊!”

好吧,我只能提示得再多一点了:“你看,这鳄鱼的身后是蓝色的,告诉我们是在水里。可是鳄鱼的肚皮底下可不一样哦!”

“哦!我懂了!他下面是黄色的泥土,所以他应该趴在池塘边的小路上。”说着他就把贴纸撕下来重新安置它的去处。

“这是因为鳄鱼是用肺进行呼吸的,他既能在池塘、湖中游泳,也能爬上地面晒太阳。”

接着儿子一边听我读故事,一边仔仔细细地研究贴纸最合适贴在什么地方。有几处还嫌我读得慢,催着我快一点。

孩子的专注时间有限,专注度也会随着时间的增长逐渐降低。亲子阅读中,大人讲、孩子听的单一方式有时略显枯燥,孩子如果没有很好的专注力,就很容易分散精力,产生厌烦情绪。因此,如果在阅读中能变化地处理朗读的声音,会让故事显得更生动;如果能在阅读中和孩子一起参与,共同扮演角色,会让阅读显得更有趣。如果你觉得亲子阅读有困难,那么不妨也来读读这本书,然后和孩子一起动手做一做,玩一玩,这样会让孩子的注意力更集中,没准还能收获更多呢!

听一听,激励机制不可少

读完了故事,总少不了要点奖励。就好像训练小海象,要想它能给个面子,拍下双手,顶个小球,娱乐下观众,就要在完成之后及时地递上一两条小鱼儿作为奖赏,大概这是继续努力的动力吧!我家的懒虫儿子也是如此，有什么办法呢？当然小小的奖励，也是对孩子努力的肯定，是继续阅读的动力，似乎只有这样才有了信心、有了勇气再翻下一本书。

玩具实在没啥实际意义，而且家中的玩具堆积如山。该奖点什么呢？

儿子吵嚷着要听钱儿爸讲故事。那可是他的最爱，每天都要听上那么一两个故事入眠。从APP上找到了钱儿爸，顺便搜一搜有没有他讲的花格子大象的故事。嘿，还真有呢！于是奖品有了！“发福利发福利了！快听快听，钱儿爸正在讲你看的书呢！”儿子风一样地跑过来……他欣喜地听了一个又一个，有时还把自己的书翻来翻去，找一样的故事，找到了就边听边看，又重新读了一遍。关键还省了一笔money！哈哈，聪明如我！

如此，儿子和我读完一个故事，我就奖励他听上一个故事。有了“小鱼”的甜头，儿子渐渐有了阅读的兴趣和目标；有了“花格子大象艾玛”的陪伴，儿子渐渐沉浸在阅读的乐趣和期待之中。

精彩的故事情节，精美绝伦的绘本配图，能成功地吸引孩子的注意力并走进阅读。就像给驾车新手一辆崭新、时尚、漂亮的好车，谁能抵挡得住不上去摸一摸、开一开呢？当然这其中，大人的引领和推动也很重要。一开始的循循善诱，过程中的耐心陪伴，阅读后的评价激励，这些看似简单、看似费时的事情，却像是给汽车加满油之前来的一瓶燃油宝，能够让孩子在动力十足之后持续保持热度投入阅读，在阅读这条路上，越走越远，越走越好……

一个谜语一般的故事

——《快跑，兔子快跑》陪读策略

书本简介

《快跑，兔子快跑》(少年儿童出版社，2014年4月第1版)由英国作家莫顿编文，泰勒绘图，孙清越翻译。绘本讲述了兔子知道自己最近被跟踪了，但他不知道是什么东西，所以他总是躲在某个地方……他躲在自己的窝里，他躲在树洞里面，他还躲在绵羊身后，躲在白鹅的澡盆里，躲在老旧的谷仓里……究竟是什么东西在跟踪兔子呢？随着情节的推进，各种动物的特征一一呈现，谜一样的故事展现在读者面前。

力荐理由

《快跑，兔子快跑》对孩子充满了吸引力。故事一开头就亮出一个谜："我"在躲避一个红色的东西！躲避什么东西呢？著名儿童文学理论家佩里·诺德曼曾经提出，最吸引读者的故事，会精心编排问题的提出、答案的提供和不提供，给出的信息和延迟的信息相互交织，既能激起读者的渴求，逗得他们心痒难耐，又能维持他们继续阅读的兴趣。这本图画故事一开始就让一个悬念出场，有着谜语般的魅力，牢牢地抓住了小读者的心。在每个环节中，依次出现这个“东西”的特征：

一个红色的东西；

一个长着很多毛的东西；

一个长着尖牙的东西；

一个长着尾巴的东西；

一个胸前兜着肮脏白围嘴的东西。

在与老鼠、小鸟等同伴们的对话中，兔子一一否定了他们的猜测——不是母鸡，它比母鸡危险得多；不是马，它比马危险得多……在猜谜的过程中，不断否定一个答案，又不断给出新的线索，使得故事有着九连环玩具一样的奇妙，既环环相扣，又吸引着小读者们急切地想知道下一个环节发生了什么。最后，具有“红色、长着很多毛、拥有尖牙和尾巴、胸前兜着肮脏白围嘴”等特征的东西终于出现了，原来是一只狐狸！阅读这本图画书可能让我们想起经典科普童话《小蝌蚪找妈妈》：小蝌蚪找妈妈的过程中，不断展开“妈妈”的一个个特征，最后巧妙地把所有特征综合在一起。学龄前儿童的抽象思维能力还处在发展过程中，很难对事物做出多种特征的概括，这种平行式的叙事结构符合儿童的思维方式和认知特点，吻合儿童的心灵节奏。

故事中反复出现“我在躲避一个××的东西”“它比××危险得多”，反复手法的运用增加了形式上的趣味性，让读者眼中的故事显得更为“真实”，也使得小读者感受到越来越强的急迫感，从而对谜底的揭开充满期待。

图画书《快跑，兔子快跑》在有趣的叙述中，镶嵌着很多知识点，满足了孩子们的求知欲。家长在引导孩子们观察兔子逃跑的画面时，孩子们可能会发现：兔子的逃跑路线似乎呈现出“S”形。他们可能会提出疑问：兔子为什么不沿着直线逃跑呢？为什么绕着这样弯曲的路线跑呢？

孩子们在故事中已经认识了很多兔子，如《猜猜我有多爱你》中对妈妈的爱如到月亮一样远的兔子、《逃家小兔》中和妈妈做游戏的兔子、《当狐狸和兔子互道晚安》中聪明又善良的兔子等等，而这本图画书中来了一只跟现实生活中的野兔更接近的兔子——躲避可怕狐狸才能生存下来的兔子。事实上，野兔逃跑时的确会选择绕来绕去的路线，世世代代的兔子们在成功逃跑的过程中学会了这种“S”形的逃生路线，而且，这条路线还得是它平时很熟悉的路线，这样逃起来才不会慌不择路嘛。故事中，兔子选择的正是经过熟悉的谷仓、树、朋友们的浴缸等一条呈现为“S”形的路线。在故事开头，提到兔子的窝是“只能让你插进一个鼻子的窝”，到故事结尾，逃回洞里的兔子对着“只能插进一个鼻子”的狐狸笑翻了。要知道，现实中的兔子的确是打洞为家的，那个小小的兔子洞，挡住了很多天敌。快乐的阅读中，又蕴含奇妙的知识，这样的故事谁不喜欢呢？

陪读策略

著名儿童文学作家金波教授说：“读书，是人一辈子的事情。”那么，妈妈应该给孩子怎样的阅读启蒙呢？

第一次阅读

孩子上了幼儿园。

妈妈：“我要开始讲故事咯！”

孩子不以为然。

妈妈：“今天的故事是你喜欢的小动物的故事哦！”

孩子：“是什么？”

妈妈：“哈哈，你看了就知道了！”

我把绘本放到孩子面前，指着封面的题目说：“这个故事叫《快跑，兔子快跑》。”然后迫不及待地打开要给他读。他一把夺过去，并没有按照我的指点看题目，而是睁大眼睛，像发现新大陆似的说：“还有一只野猪哎!”

“嗯,后面有两只母鸡飞了起来!”孩子继续叫道。

“不不不,你看上面的字,先看看这个故事叫什么好吗?”

孩子很不愿意!

……

陪孩子读绘本时,你是不是跟我一样,拿起绘本先读字,用手一个字一个字地点读,让孩子跟着读,就这样从第一个字念到最后一个字?有人说这恰恰是本末倒置,大大降低了绘本原有的价值。

读绘本,为的就是在图像中学习直观的表达。孩子看见图画,自然能联想到生活中的场景,在脑海里构成故事,再通过妈妈的讲述,形成图画之间的因果联系。这个过程相当重要,它是一个复杂的大脑思维活动过程。孩子的这种阅读,融合了他的看、听、说以及最宝贵的想象力,运用了他对世界充满探索的好奇心,构建起他心目中的世界。可成年人固有的思维是标准化,按照字面意思解读故事,每一次讲起同一本书,只是千篇一律地重复,毫无惊喜的结局,失去了童心,也失去了想象力。正是这种照本宣科,扼杀了孩子天真的眼神。

所以第一次陪读,我失败了!

第二次阅读

妈妈:“还记得那只胖胖的、毛长长的小兔子吗?我好想念他呀,我们再去看看他吧!”

孩子:“好呀!好呀!”

这一次,我引导孩子从看图开始。孩子看到了母鸡和她的孩子,四只小田鼠竖着耳朵好像在听什么,有一只小田鼠好像开小差了,因为他被更有意思的母鸡吸引了。于是我就顺势引导孩子仔细观察,并且描述他观看到的画面:这只小田鼠看到什么了呢?他又会想些什么呢?

接着,我再引导孩子观察另外三只田鼠:“这三只田鼠在干什么呢？他们和兔子在说什么呢?”这个时候我再开始读文字,引导孩子进一步想象与描述。

以前读绘本,虽然自己很努力地讲故事,孩子却不专心听,视线一直落到无关的画面,我的直接反应就是要求孩子把注意力拉回到文字上。现在我更认真地和孩子一起看图后再赏文。其实孩子对“有关”“无关”的画面都仔细看的特质非常珍贵,大人这时应该做的是引导孩子仔细观察并描述他观看的画面。

第二次读完后,我问孩子,这是一只怎样的兔子,孩子说:“这是一只肥肥的胖胖的兔子,大大的脑袋,有着两只特别长的耳朵,他的毛也长长的,他虽然很胖,但是跑得快,脑袋瓜也很聪明……”如此看书,效果可见一斑了。

第三次阅读

因为孩子已经对绘本的叙事形式很了解了,第三次读文,我带着孩子一起仔细观察画面中动物的神态和表情:母鸡的悠闲、奶牛和山羊的关切、四只小老鼠的各具神态……而被一个危险的东西追逐的小兔子,表情却总是坦然自如,甚至笑眯眯的,笑容后面有着怎样的奥秘呢？与孩子一起讨论得出结论:兔子对成功逃跑可是胸有成竹的哦!

我还带着孩子用动作模仿一下兔子逃跑的关键环节——奔出谷仓,经过那棵树,跃过母鸡,还从小猪和马的肚子下穿过……好惊险!不妨再一起画个“S”形的逃跑路线图吧。孩子非常感兴趣,开心极了,也牢牢记住了这个好玩的故事。

带着孩子观察完绘本后,我试着引导孩子用自己的方式讲故事!这一次孩子用自己的语言讲述了这个生动有趣的故事,小嘴巴里还蹦出了很多书上没有的语言呢!

把阅读启蒙变成一种有趣的游戏,变成一种亲子的感情,变成一种文化的启蒙,变成一种家庭的氛围——这正是我们努力的方向!

见　识

——《生气汤》陪读策略

书本简介

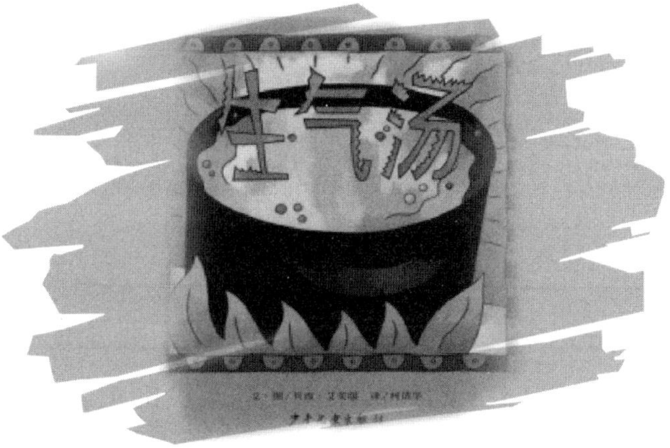

《生气汤》(明天出版社，2007年6月第1版)的作者是美国艺术家贝西·艾芙瑞。该书是她以个人亲身经历所产生的创作灵感自写自画的作品，曾获1994—1995年度小印第安人奖，1992年《书单》杂志编辑选书，美国平面设计协会年度选书。

力荐理由

孩子生气是常事，父母也常常被淘气的孩子气得火冒三丈，面对这些情况，我们应该如何为这些负面情绪找到出口呢？美国图画书作家贝西·艾芙瑞将“不如意的一天”转化为“烹饪”素材，创作出令人回味无穷的“生气汤”。

《生气汤》是一本疏导负面情绪的绘本故事书。故事讲述了一个名叫霍斯的小男孩度过了不愉快的一天，带着一肚子怨气回了家。但是妈妈一不批评，二不教训，三不追问，而是给孩子煮了一锅汤。当汤烧开时，妈妈对着锅子大叫。她叫霍斯也照着做。他们还一起对着锅子龇牙咧嘴、吐舌头、大声敲打锅子。最后，霍斯笑了，心里也快活多了。霍斯妈妈的生气汤心理按摩法分四步：邀请、示范、推动、放松。邀请的诀窍在于“夸张”，利用孩子的好奇心诱引其参与。霍斯被妈妈煞有介事的煮汤动作和吼叫声吸引过来。妈妈向他示范了吼叫和吐舌头的基本动作。在妈妈的引导和推动下，霍斯不仅完成了基本动作，还自创了敲锅子和喷火龙气的自选动作。然后，他们相视而笑，肩并肩站着搅汤，让紧张的心情平复下来，这样一天的不愉快就烟消云散了。如此有趣且高效的心理按摩法，值得我们好好琢磨。

封面上鲜艳、明亮的色彩和锯齿状的线条，散发着热气、活力及一点点骚动不安，这锅令人好奇的汤到达沸点啦！翻过书名页后看到一个似乎盖不住的锅盖，不正有点像扉页主角头上的帽子吗？原来，一锅的“气”从这儿开始！故事的文字与图画合力以卡通画的夸张和幽默，带领着读者一步步看书中的妈妈展示帮助小孩处理情绪的独门秘方。

霍斯踩花、不回答、发出怪声、倒在地上，显得不讲理又不听话。妈妈没有急着要求解释或教训责骂。她巧妙地运用小孩的好奇心，让小孩子动起来、靠过来、跟着大人做，她让霍斯尖声大叫、吐舌头、敲打、喷火。换言之，她及时提供给小孩适当安全的发泄管道，防止正常的负面情绪演变成伤害性的行为。她知道当小孩满腔怒火时，恐怕说不出、听不进、也学不会什么道理。霍斯需要先确定自己的“坏情绪”被理解了，所以他需要的第一个信息不是道理，而是接纳。妈妈的汤，适时给予了他安全感。当母子肩并肩站在同一条线上，沟通与教育才会真正开始。

书中的妈妈是幽默、冷静又有童心的人，对负面情绪里的恶意有成熟的看法。她不慌不忙地带领小孩步出阴霾，而非在孩子背后催赶推逼。她拿汤匙扮鬼脸、顶着锅子手舞足蹈、倒立，这些都不是惯见的传统表现，却有着同理心和温暖的乐趣，不仅使霍斯松一口气，也使读者跟着疏解心中的紧张与不安。

这本书不仅告诉了小朋友一个减压和消气的好方法，同时也让我们父母学到了怎么去引导和摆脱小朋友的负面情绪，是一本值得亲子共读的好书！

陪读策略

家有“喷火龙”

丫头属龙，虽是个女孩子，却没有一般女孩儿的斯文恬静，做事风风火火，喜怒哀乐全写在脸上。只要有事不顺她的意，便立马变身“喷火龙”，哭、跳、叫、喊，不闹个天翻地覆绝不罢休，一家人看着干着急。

女儿三周岁时，为了治愈小家伙的暴脾气，我为她精心挑选了《妈妈，我真的很生气》《菲菲生气了》《请不要生气》《生气的亚瑟》等一系列情绪疏导类的绘本读物。在这些绘本书中，丫头对《生气汤》这本书情有独钟，反反复复让我读了许多遍。

最先吸引她的是这本书的封面。封面上那一锅热气腾腾的汤和锯齿状的文字像是在诉说这本书的与众不同。女儿无比好奇：“妈妈。这是肉肉汤吗？”当她得知这是一锅生气汤时，丫头指着“带刺”的“生气汤”三个字对我说：“妈妈，你看，它们气得头发都竖起来了！”“对呀，宝宝生气的时候头发也会竖起来，多难看呀！所以我们要煮一锅汤，让宝宝喝下去不生气，变漂亮！”我在一旁附和着。女儿听完我的话，迫不及待地想要伸手来翻书——她已经等不及啦！

在女儿的催促下，我开始了故事的讲述：“霍斯今天有一箩筐不如意的事。他想不出第三题的答案。琳达给他一封情书。还有，同学带来一头叫露露的牛，表演的时候踩了他一脚。好像这些加起来还不够倒霉似的，放学时，妈妈居然找珍珠阿姨来接他。珍珠阿姨开车横冲直撞，一路吱吱嘎嘎，差点儿压死三只贵宾狗……”女儿静静地听着，时不时发表自己的见解:“露露忘记穿衣服了哎!”“小鸟咬珍珠阿姨的头发了!”

读着读着,女儿忽然提议:“妈妈,我们来演一演吧!”

说演就演!我先演琳达,递给小家伙一个信封,再演母牛露露,踩了她一脚。女儿本该演生气的霍斯,却笑得前仰后翻。接着我又开始扮演珍珠阿姨,让小家伙趴到我的背上,学着珍珠阿姨的样子“开着车”横冲直撞。小家伙在我的背上左摇右晃,“咯咯”笑个不停。然后学着霍斯妈妈的样子开始煮汤。我们拿脸盆当锅,对着它大喊大叫、吐舌头、做鬼脸,又拿起电视遥控器,把脸盆敲得砰砰响。我们玩呀笑呀,不知不觉中,这本书读完了。小家伙意犹未尽:“妈妈,您再给我读一次吧!这本书真好玩!”

煮碗“生气汤”

某日,小家伙在幼儿园里和小朋友闹矛盾了,气鼓鼓地回到家里。一进门,就对我倾诉:“妈妈,左左是个大坏蛋。他要抢我的小板凳,还不肯让我当大王!”我正想安慰小家伙,没想到她抢先说:“妈妈,我不想生气,可是我真的很气!我们一起煮生气汤好不好?”

女儿的话让我感到既意外又惊喜。《生气汤》这本书果然有神效,它让我们的“喷火龙”意识到了自己的情绪问题,并且主动想要控制自己的情绪。

“好呀!那我们一起煮一锅生气汤吧!”女儿愉快地接受了我的提议,屁颠屁颠地跑到客厅里,搬来了小板凳,和我肩并肩一起煮汤。

我们学着霍斯妈妈的样子先把水烧热,再撒入一点盐,丫头还不忘提醒我:“妈妈,你要像霍斯妈妈那样钩起脚,往后撒盐哦!”这可真是项技术活,不出所料,盐撒得到处都是,不过小家伙对我的姿势相当满意。撒完盐,我们对着锅尖叫、做鬼脸。水开了,“小火龙”学着霍斯的样子朝着锅子吐舌头,拿起勺子乒乒乓乓地敲锅子,最后吐出一口“火龙气”。这口气太使劲，喷出了一连串的口水，小家伙捧腹大笑：“哈哈！生气汤变成口水汤咯！”

大功告成，我们煞有其事地把生气汤盛到碗里。丫头捧起大碗，喝了个底朝天！喝完，还不忘舔一舔嘴唇：“好美味啊！妈妈，我想再喝一碗！这样，我以后都不会生气了！”

干了“这碗汤”

自从煮过一次“生气汤”，小家伙便把这汤奉为了“神汤”，一旦情绪不佳，就会对我说：“妈妈，我们一起煮生气汤吧！”

一天，我在书房备课，女儿时不时进来打扰。对于女儿频繁的骚扰，我忍无可忍，对着她大吼：“妈妈要工作，你自己玩，不要来吵我可以吗?”小家伙垂着头，眼泪在眼眶里打转，一脸的委屈。她无助地望了我一眼，轻轻地关上了书房的门。

望着女儿失落的背影，我内心懊悔不已，匆匆结束了备课，走出房门想要陪陪女儿，只见小家伙正坐在客厅的地板上用她的烹饪玩具玩过家家的游戏。她一看见我便扑到我怀里，指着装满水的玩具小锅说：“妈妈，这是我为你煮的生气汤，快点喝吧！喝了以后你就不会生气啦！”

听了女儿的话，我百感交集——作为孩子的母亲，我本该为她做好榜样，却在无意中做了错误的示范，肆意地宣泄自己的坏情绪，实为不该。在自责的同时，我也被女儿的这份孝心和体贴深深地感动着，顾不得思考这是自来水还是凉开水，咕噜咕噜全喝光了。

初见成效

随着年龄的增长，女儿慢慢意识到“一汤难以解千愁”。我们一起讨论如何让自己不那么生气，于是便有了这一段愉快的谈话：

女儿：“生气的时候可以到小房间里静一下。”

我:“要是还是很气,静不下来怎么办呢?”

女儿:“那就深呼吸吧!”

我:“这是个好办法!再想想还有什么办法呢?”

女儿:“妈妈,要是我还是很生气,你就给我读本书吧!像《生气汤》一样好玩的书。”

书才是良药!不仅能医愚,还能治愈坏脾气。阅读的力量是无穷的。我很庆幸为女儿选择了《生气汤》这本书,看到了书籍带给孩子的转变,也和孩子共享了这份温馨与美好。

《彩虹色的花》

——《彩虹色的花》陪读策略

书本简介

《彩虹色的花》(二十一世纪出版社,2005年8月第1版)是一本风格极其独特的作品。厚重的纹理,大块的色彩,给这本书带来一种原始粗犷的美,而文中的故事却是那么温柔细腻。早春的一天,积雪还未融化,原野上的某个角落突然绽放了一朵彩虹色的花。终于能见到太阳了,她十分高兴,由衷地愿意跟每个人分享自己的快乐。每次路过她身旁的都是一些善良可爱的小家伙,彩虹色的花总是很热情地帮助它们,很慷慨地把她的花瓣一片一片地给了蚂蚁、蜥蜴、老鼠、小鸟、刺猬……小家伙们每次都心满意足地走了,彩虹色的花也分享着它们的快乐。随着季节的变化,彩虹色的花慢慢枯萎老去,被掩盖在白茫茫的雪地下。虽然她离开了现世,却给大家留下了一片温情。冬去春来,彩虹色的花又回来了,又见到太阳……生命可以轮回,乐于助人的精神永存其中,给读者留下了无穷的意味。

力荐理由

一本绘图独特的书

该作品采取壁画法，先在画布上涂上灰泥再绘制，画出富于立体感的特殊效果，看似粗犷却又有原始的美。满满的油彩画感，不似一般绘本那样中规中矩。绘图还运用了大量鲜艳的色彩和对比色的凸显，以此吸引孩子的眼球。《彩虹色的花》就是一个色彩的大杂烩，足够艳丽。最让我难忘的是那彩虹色的环衬，色彩是如此动人，几乎包含了你所能想象的一切：生命、阳光、爱、梦幻……

绘本之所以受孩子们的喜爱，最重要的原因是孩子对文字的认知量不大，而大量的精美图片更容易让孩子理解绘本的内容。这部作品的画风恰好很能引起小朋友的共鸣，颜色鲜亮、浓烈，有很强的对比。学龄前小朋友绘图也常常是这样的。

一本富含教育意义的书

四季变化在书中。《彩虹色的花》中暗含了四季的变化。故事一开始，通过太阳的心理活动“昨天还是一片积雪的原野上，竟然开着一朵花”，显示了这是初春；到了蚂蚁出现的时候，“雪融化了，原野中间有一个很大的水洼”，春天正式来临了；到了老鼠出现的时候，“天气又闷又热”，这是夏天到了；到了小鸟出现的时候，“白天越来越短了”，秋天来了；到了彩虹色的花折断的时候，“雪花轻轻地、轻轻地飘落下来”，冬天来了。四季特点分明，在此也可适当结合自身实际进行拓展，了解四季更多的变化。

前后呼应在眼前。在正文的第一个跨页，彩虹色的花在原野上亭亭玉立，太阳“吃了一惊”。到了最后一页，冬去春来，一天早晨太阳探出头又见到了彩虹色的花，它又“吃了一惊”。“吃惊”从文字上做到了呼应。从图画上，篇尾的太阳看着正立于自己前方的花，竟成了对眼了！

诧异的程度，更进一步啊！

意义非凡是彩虹。“从雪中升起一道耀眼的彩虹色的光芒，把天空照亮了。”小动物们看着光芒，“心里渐渐温暖起来，大家都想起了彩虹色的花曾经给过自己的帮助”。彩色花，无私奉献，舍己为人，不求回报，让孩子的心绪随着故事情节的发展从快乐到悲伤，再到惊喜。孩子能体会到帮助别人是快乐的，彩虹色的花枯萎时是悲伤的，彩虹色的花重获新生则带来惊喜。读这样的故事，小朋友心中也一定暖暖的吧！赠人玫瑰，手有余香。

思考空间有预留。故事并没有把所有情节都用文字讲述出来，比如每种动物是怎么利用花瓣的，它让小朋友们自己去想象小动物们进行了怎样的创意。

陪读策略

和你一起彩绘生活

记得女儿还是咿咿呀呀不会走不会说话时，我就和她一起读书。以前我们的阅读方式是我来读，她来听，她来看。也不管她是否能听懂故事内容或是看懂图片，总之我读我的，她看她的，各自一起认真阅读。慢慢地，女儿长大，对书中的大图片特别喜欢。每次我在读书时，她总是看着图片，寻找图片中和故事内容相联系的地方，当找到时，她会高兴地大叫：“妈妈，你看，在这里！在这里……”有时一页上的内容我读完了，她还在欣赏图片，迟迟不让我翻页。我们第一次看见《彩虹色的花》这本书时，女儿就被书中的图画吸引了。它那独特的壁画法，大胆的色彩搭配，首先吸引了女儿的眼球。看彩图时，她不放过任何一张：封面、环衬、扉页、正文、封底，每幅图都蕴藏着一些秘密。没有读故事前，对这些图画只能看图猜意思，等读完了故事后，再回头看看这些图片，会发现里面蕴藏的秘密。一本好绘本，值得孩子反复阅读，每次阅读中都有新的认识或收获。

有时在阅读绘本，我会和女儿玩一种游戏，我给它取名：我来猜。一般来说，图画书都有一个精心设计的版式，封面、扉页、环衬、正文以及封底构成一个完整的整体，文字与图画相互依存，依靠翻页推进情节。当阅读到故事中部，我们停止往后阅读，而用猜想来代替，这会让孩子对阅读更有期待。首先根据停止的画面猜猜故事情节的发展。比如，当我和女儿看见了蚂蚁和蜥蜴快乐地路过彩虹色的花后，我会小声地问："小丫，你猜猜接下来是谁又到了彩虹色小花的身旁呢?""小狗?小白兔……"无论女儿猜的是什么，我都肯定她，并带着她期待地翻到下一页看图片。一只满头是汗的小老鼠出现在视线中，我们继续猜测：这次彩虹色的花会用花瓣帮助小老鼠做什么呢？女儿猜："它这么热，可能需要一块手绢吧？要不就是一把小凉伞，顶在头顶遮太阳?"我也跟着女儿一起猜："我想它肯定是口渴想喝水，借用花瓣当小勺，找水喝吧?"你我猜后带上悬念，再来读一读文字，看看故事中的情节或语言是否和我们猜想的一样。这是猜剧情。

我带着女儿继续看，还会继续猜。接下来猜的是语言。因为绘本中的故事或语言运用了大量的反复，儿童读起来朗朗上口，并且能很快模仿，在模仿中，慢慢地就学会了表达，这就是一种潜移默化。接下来出现的小动物是小鸟。我先打开图画，让女儿仔细观察，想象接下来发生的事情，接着会问她："小鸟飞来了，小花会怎么说呢?"因为之前的情境中，小花开头的一句话都是："你好，你是谁呀?"所以这一句很快能够答出。"那么小鸟会怎么回答呢?"我接着问，于是女儿就按着她的思路猜测会发生的事情："你好，我是小鸟。我想为自己做一件漂亮的衣服，可是找不到好布料……"

大胆地猜测，可以帮助孩子活跃思维；语言的模仿训练，又可以强化口语表达。

好绘本就是一个好剧本。绘本不但可以读,而且还可以演,表演中又发挥了演员的想象力。绘本的故事内容如果要演起来,好多细节需要演员的发挥和想象,如人物在故事中的语言、表情等,参与其中,对绘本就有更深的认识或理解,比起说教更为有效。我和女儿在读《彩虹色的花》时,也有这样的表演:女儿演花,我演借花瓣的小动物。演完后,我发现,女儿对花的表情捕捉得很到位:彩虹色的花从一开始来到世界的欣喜,到乐于助人的友好,随之因自己的慢慢凋零而消失,情绪和表情是变化的,从喜悦到悲伤。

绘本故事一般篇幅不长,看到最后往往意犹未尽,于是我会和女儿一起续编故事。读完《彩虹色的花》,你会发现,故事又是一个轮回,彩虹色的花又有了生命之后,它又会帮助谁?女儿会学着绘本中小动物借花瓣的样子,自己改编,在改编中也就慢慢学会了语言的组织能力、逻辑能力、表达能力等,而且续编故事也是孩子喜欢阅读的方式之一。

初见成效

1. 绘本表演。

2. 喜爱续编故事。在续编故事中，孩子也能学着像绘本一样，给自己的故事配上图片。

彩虹色的花(续编)

第二年，春天又来了，彩虹色的花又长出来了。

小鸟和蝴蝶“叽叽喳喳”地飞来飞去，

小花和小草也长出来了。

春天好美丽啊。

过了几天，一只小白狗走过来。

它看了看天空，有点忧伤地说：

“马上要变天了，眼看就要下雨了。可是我没有带雨伞，该怎么办啊？”

彩虹色的花说：

“我来帮你吧。”

彩虹色的花摘下一片紫色的花瓣给小白狗。

天空突然飞来了三片乌云，

雨噼里哗啦落下来了。

幸好有了花瓣，

小白狗才没有被淋湿。

又过了一天，一只小黄猫走过来了。

它对彩虹色的花说：

"今天是我表姐的生日party，可是我还没有漂亮的头饰。"

彩虹色的花说：

"我来帮你吧！"

彩虹色的花摘下一片红色的花瓣，给小黄猫做了两个红色的蝴蝶发夹。

小黄猫开心地去参加表姐的生日party了。

又过了一天，

一只蓝色的鸟妈妈飞过来了。

她有些伤心，

对彩虹色的花说：

“我想给我的宝宝送一份礼物，可是我找了好久都没有找到合适的。”

彩虹色的花说：

“我来帮你吧！”

彩虹色的花摘下一片绿色的花瓣，送给蓝鸟妈妈。

蓝鸟妈妈开心地飞回去了。她要给她的宝宝一份特殊的礼物。

又过了一天，

小象宝宝慢慢走了过来。

它好像有点不舒服，

原来它的背上受伤了。

它问彩虹色的花：

“我该怎么办呢?”

彩虹色的花说：

“我来帮你吧!”

彩虹色的花摘下一片橙色的花瓣，贴在小象宝宝的伤口上。

神奇的事情发生了，小象宝宝的伤口好了。

它又开心地出去玩了。

又过了一天，小兔子愁眉苦脸地过来了。
它对彩虹色的花说：
"我找不到爸爸送的发夹了。"
彩虹色的花说：
"我来帮你吧！"

彩虹色的花摘下一片黄色的花瓣，
将它做成一个蝴蝶发夹，送给了小兔子。
小兔子开心地去找爸爸了。

又过了一天，美羊羊过来了。

她有点害羞地说：

“喜羊羊请我吃饭，可是我还没有找到合适的发夹，我该怎么办啊？”

彩虹色的花说：

“我来帮你吧！”

彩虹色的花摘下最后两片花瓣，做成两个最漂亮的发夹，

把美羊羊变成了童话里的公主。

美羊羊开心极了，

高高兴兴地吃大餐去了。

经典的魅力

——《小乌龟富兰克林系列》陪读策略

书本简介

《小乌龟富兰克林系列》(接力出版社,2010年7月第1版)是加拿大动画品牌图书的引进版,是加拿大国宝级童书,全10册,出版28年来被译成38种语言,全球销量7000多万册。该系列以可爱的小乌龟富兰克林为主人公,每一册都讲述了小主人公富兰克林与朋友及家人之间的故事,如《小霸王富兰克林》《黑暗中人富兰克林》《快点儿！富兰克林》等,非常适合3～8岁的孩子阅读。

作者波莱特·布尔乔亚做过精神病学临床医生和新闻记者,他在女儿出生之后便开始了写作创作。富兰克林的故事来源于他对自己童年点点滴滴的记忆。可以说,“富兰克林”是每个幼年时期孩子的真实写照。

《小乌龟富兰克林系列》语言质朴、简洁,作者用心地将枯燥的教育理念渗透到有趣的故事当中,不着痕迹地让孩子们学会认识自我、战胜自我,从而培养孩子的人际交往能力、情绪与行为管理能力及社会适应能力,是一套非常适亲子阅读的图书。

力荐理由

一套旧书的魅力

我家宝贝出生后不久,我就为她寻找并翻阅各类儿童图书,每天坚持为她读,买过很多,也读过很多,很多我已记不得内容了,但一套小侄儿送给女儿的旧图书《小乌龟富兰克林系列》却让我印象深刻,它处处彰显出经典图书的魅力。

这是一套能让孩子得到成长勇气的书。作者波莱特·布尔乔亚敏锐地捕捉到孩子自我成长中理解爱和生命时遇到的小挫折,以及相应的心理变化和生活场景,能很好地帮助孩子在成长过程中理解爱,感受爱,学会爱。该系列特别适合孩子在融入社会之初进行亲子阅读,能有效帮助孩子学会控制情绪,学会交往,学会沟通,学会合作和谦让,改正缺点,培养孩子关爱、尊重、友爱的优秀品质,提高孩子的社会适应能力。

《小乌龟富兰克林系列》插图精美,语言质朴、简洁,非常适合3~8岁的儿童阅读。孩子很容易被故事中小乌龟富兰克林憨态可掬的经典形象所吸引,特别是每个故事的开篇都有一段短短的引文,很容易引起孩子的阅读期待,同时既照顾了故事的独特性,又关注了故事的连续性。如在《小霸王富兰克林》中,故事的开头这样写道——富兰克林是一只会拉拉销、会系扣子的小乌龟。他会数一、三、五,也会数二、四、六……有一天,可怕的事情发生了,富兰克林和小熊大吵了一架。

细品后发现作者的用心:作者将枯燥的教育理念有效地渗透到小乌龟生动有趣的故事当中,让教育目标不露痕迹。书中的富兰克林从胆怯、毛躁、对未知事物不知所措,到自信、专注、体谅别人、不怕困难。

故事中小乌龟爸爸妈妈的对话更是图书的亮点:小乌龟爸妈巧妙的语言引导,让犯了错误或遭遇了挫折的小乌龟富兰克林能更好地认识自我,快速成长起来。所以说,这是一套能让父母学会赏识自己的孩子和学会正确的亲子对话的好绘本。

《小乌龟富兰克林系列》是女儿大爱的绘本之一。女儿非常喜欢有爱的乌龟一家,喜欢故事中乌龟爸爸和妈妈对乌龟宝宝的疼爱,喜欢小乌龟的好朋友,喜欢听小乌龟宝宝所做的一系列有趣的事。小乌龟的成长经历便是女儿成长的缩影。

经典永流传。相信读完此书,孩子一定会给你带来惊喜。高情商的孩子是幸福的,懂得培养孩子情商的父母更是温润有教育智慧的父母。

陪读策略

让爱做主,轻松愉快地读

亲子阅读不仅仅是以“阅读”为目的的阅读,更是为儿童提供一种以亲情互动为主的家庭教育模式,是一场有爱的阅读。父母爱孩子,爱阅读,相信“有爱”才是亲子阅读的良方。

告诉自己做个爱阅读的父母:给女儿的每本读物我都会自己先读,体会读本的精妙之处,建立起爱阅读的父母形象。无条件地爱孩子:回到家,我都会放下工作,放下手机,在安静舒适的环境中,将女儿抱坐在膝上或紧挨在一起,聚精会神地为女儿阅读,用心读、用情读,从开始的我读她听,到后来的合作读、表演读、她指我读、我指她读,轻松有爱,一起爱上阅读。

在这轻松愉悦的过程中,女儿既听到了有趣的故事,又在悦耳的朗读声中,感受到了我和她之间浓浓的爱。让爱做主,轻松愉悦地和孩子一起读。

尽早开始，当睡前摇篮曲

什么时候开始进行亲子阅读？是孩子初学语时还是快三岁时？这是很多父母关心的问题。在我看来，亲子阅读应该尽早开始。尽早开始亲子阅读，有利于培养亲子阅读的习惯与亲子默契，尽早为孩子的人生打开阅读通道，尽早让孩子接受语言与文字的熏陶，在培养亲子关系的同时也是提高孩子语言水平的最高手段。

女儿3个月时，我便开始了亲子阅读——睡前音乐时间后我就进行亲子阅读，将亲子阅读当睡前摇篮曲。读之前，我总会拉拉女儿的小手说："宝宝，我们要开始读书了，妈妈读，宝宝听！"接着我就开始用心读，投入地面带表情读，偶尔停下来和女儿试作交流。亲子阅读从刚开始的5分钟到后来的15分钟，逐渐延长；从简短的小故事、三字经到后来的经典故事……也许她懂，也许她不懂，但在女儿脸上，我却能看到一些恬静与期待，久之成了一种习惯，便也成了一种快乐。亲子阅读成了我和女儿的一种愉快的相处方式（《小乌龟富兰克林系列》考虑到故事特点，我等到孩子快三岁时才开始读）。

女儿说话甚早，在十九个月时一次睡前洗漱完毕，我抱着她照镜子，小家伙一见镜中自己的模样，竟脱口而出："小背心真可爱，头上一个小锅盖。"那顺口自然的表情引得我一阵欢欣——当时女儿确实刚被外公理了个锅盖头，身上穿着一件吊带小背心，也算是对仗押韵、具体形象了。上幼儿园后，女儿更是显示了仿编儿歌的能力："陆家有个小辰子，自己穿衣、穿袜子，gang面面……（忘记了）"

慎选读本，对！科普也疯狂

和孩子读什么？孩子为什么突然不爱阅读了？这是很多家长疑惑的问题。其实亲子阅读时，父母要根据孩子的不同年龄段、不同喜好，选择不同的读物。选好读本，选择高质量的读本很重要。只有根据孩子年龄段的特点，为其选择真正适合的书进行亲子阅读，才能长久地吸引儿童的注意力，将亲子阅读进行下去。除此之外，要避免读物的单一性，要让孩子接触不同的阅读流派，即使孩子对某一种类型的图书有严重的喜好倾向，父母也要带着孩子接触各种各样的图书类型。读的类型多了，对孩子未来的阅读理解、写作等都有帮助，而且随着孩子阅读类型的增多，孩子才能真知道自己喜欢什么样的书。父母先读很有必要。

接触过一些女孩子，她们从出生起就只读公主系的图书，父母也认为比较适合女孩子读，直到小学二三年级，阅读书单中也只有公主故事，这多糟糕啊！孩子小的时候，我们可以为孩子选择图画精美、语言通俗的读本，大一些则可以选择了一些经典读物，也要记得为女孩增加一些科普类、历史类读物。

女儿两岁时表现出对大自然的浓厚兴趣，会开心地说“小树发芽了”“小梨树结果子了”“枣树也结果子”“树为什么要掉叶子”等等。面对孩子好奇的眼神，突然感觉到孩子的快乐也时常来源于对大自然的热爱与探索，只是有时我们忽略了。于是我为女儿挑选了一些科普类绘本，如《了不起的大树》《忽闪，忽闪的眼睛》《国家地理》等不同流派的读物。这些科普绘本从儿童的视角出发，以儿童最能接受的方式，回答他们想要知道的科学问题。希望不同的读物能带给她一些不同的思考。

而《小乌龟富兰克林系列》，我刻意放在了女儿三岁快入园时才开始读，因为在我看来，《小乌龟富兰克林系列》是一套很好的教育孩子学习人际交往、克服成长焦虑、提高孩子社会性交往（情商）的童书。孩子三岁时，社会性交往已不仅仅限于父母和家人了，而且女儿即将迎来上幼儿园阶段，面临着分离的焦虑，故放在这个年龄段读是非常适合的。

书中憨态可掬的小乌龟形象迅速吸引女儿进入了阅读状态，富兰克林和同伴间有趣的故事更是让女儿听得不亦乐乎，意犹未尽。富兰克林在与同伴交往中出现的问题和她在与其他孩子交往时的问题又是何其相似！当我读到富兰克林发现从前盖的小毯子不见后睡不着觉，到处找时，女儿更是不自觉地露出了笑脸，那种认同感是何其愉悦！或许是她从故事中感受到了富兰克林在成长过程中对过去事物的留恋及对成长的焦虑。因为注重心灵疏导并配合故事阅读，女儿在入园时非常淡定勇敢，适应得相当快。

父母要多留心，选择兼顾趣味性与教育性的高品质读物，尽可能地选择不同流派的读物，为儿童阅读之旅种下兴趣的种子。

爸爸加入，喔！悬丝诊脉是……

中国家庭亲子阅读更多见到的是妈妈的身影，不过我认为亲子阅读中爸爸也有着非常重要的作用。现在的父母大多受过良好的教育，也越来越注重与孩子的亲情交流，只是有时爸爸不知道用何途径，有点无措。其实亲子阅读就是一条很好的让爸爸与孩子间建立起稳固的亲子关系的绝佳途径，孩子妈妈应该让爸爸加入到亲子阅读中来。哈佛大学的一项研究成果表明，睡前亲子阅读，爸爸陪孩子阅读比妈妈效果更好。很多专家坚信，爸爸的阅读会让书籍本身发生实质的变化。对于女孩来说，和爸爸一起阅读会大大丰富她们的口头语言；而对于男孩，他们会把这个过程看作是一种男人品质的培养，他们会有意识地学习爸爸的语气和说话风格，作为自己成为一个真正男人的途径。在这个过程当中，孩子话语的流利程度和对知识的记忆能力都会得到大幅度的提高。从健全的家庭之爱来说，父亲更细腻而具体的爱是非常必要的，并且我认为男性的声音会更有特质，更适合读一些如科普、自然现象、历史等题裁的读物。

女儿两岁时，我就有意让爸爸也加入到亲子阅读中来，有时借着自己劳累的原因，我会说："爸爸你今天代替下我，亲子阅读下。"刚开始，爸爸会觉得不好意思，渐渐地他会发现些朗读技巧，以及亲子阅读的快乐，最后变成爸爸很爱参与亲子阅读，女儿也会主动要求爸爸为她读。

爸爸在女儿面前释放了压力，树立了良好的形象，女儿也在爸爸的朗读声中体会到了父亲的爱，相处也就更亲密了。

女儿四岁时特别喜欢爸爸陪读。一次在读《西游记》读到医生为国王“悬丝诊脉”时，女儿便问：“爸爸，什么是悬丝诊脉？”女儿没见过诊脉，自然不解，爸爸好一番解释，后来看到的画面甚是有趣：父女俩竟在一起互相把脉，欢笑声时时传出。到现在，女儿还记得当时的场景。

爱孩子，爱阅读，总之亲子阅读是一场有益的陪伴——让我们拿起书本，和孩子一起快乐阅读，享受亲子阅读带来的快乐与收获！

第二章

阅读与认字是不可分割的

名师解读

阅读与识字可以这样进行

阅读能力的培养是一个系统的工程。在亲子阅读初期，识字是为了更好地阅读，这一点家长必须时刻牢记。因此，更深入理解阅读与识字之间的关系，并将两者有机结合，相互促进，会有助于提高亲子陪读的效率。

阅读与识字是不可分割的

谈到阅读，必定离不开识字，识字是阅读的基础，而阅读能不断地促进识字。识字要适时、快速、快乐，才能更好地培养孩子的阅读能力。

首先，阅读能力的硬指标就是识字量的多少。据有关阅读研究统计：无障碍阅读绘本需要认识1200～1500个常用字，儿童文学需要认识1500～2000个常用字，成人读物需要认识2500～4000个常用字。识字量不到1500个，最好不要硬逼着孩子自主严肃阅读，因为阅读中过多生字带来的挫折感会毁了孩子的阅读兴趣。

其次，阅读能力还取决于词汇量和识字量的结构。阅读的最小单元是词汇。因此，识字可以从学习4000个常用字不重复编成的500个常用成语和1000个常用词汇开始，掌握其中2210个最常用字，熟悉1790个次常用字，以最快速度建立无障碍阅读能力。

识字为了阅读，阅读不止为识字

现在很多家长为了提高孩子的阅读量，盲目地追求识字量，认为“只有孩子识字了才会阅读，才可能培养孩子阅读的习惯”，这其实是一种错误的认识。只要智力正常的孩子(2～5岁的婴幼儿)，只需经过1～2年时间的训练，几乎每一个都能学会广泛阅读和独立阅读，并能让阅读(喜欢看书)成为孩子终身的习惯，这是毫无疑问的。因此，我们必须理清以下关系：

1. 识字的目的是为了阅读，不要为识字而识字。

对于一周岁左右，还不会说话或者语言发展不好、不能流利整句说话的婴儿来说，阅读故事和文章，或是跟着我们一起读，那是有困难的。对于这时的孩子，你在家庭中各种物件上贴上文字就可以了，让孩子在环境中形成识字敏感，对文字产生兴趣，这时不要管孩子能否阅读，他能对文字产生兴趣和意识，那么目的就达到了。但当孩子已能流利完整说话和用语言来表达自己的思想时，就千万不能只停留在“识字”的基础上，要立即进入阅读，多读故事，养成读书的习惯。如果你拼命教孩子识字而阅读少，忽视了对孩子阅读的培养，那么孩子就是认识2000个字或3000个字都不可取，甚至会对阅读形成障碍。这种情况比那些不认识一个字却喜欢看书的孩子要糟糕很多。以前媒体上报道过有些孩子在两岁左右认识2000或3000个字了，但上了小学，并不喜欢阅读，反而形成了阅读困难。

2. 会识字不等于会阅读，要把握好阅读与识字的量比与时间比。

孩子认多少字和是否喜欢看书，完全是两码事。但如果把握好阅读的量比与时间比，两者就会呈正比。阅读的时间应该比识字的时间多10倍以上，阅读的量应该比识字的量大100倍以上，只有这样，才能让孩子在学会识字的同时喜欢上阅读和会阅读。我们反复强调一点：会识字不等于会阅读，在亲子陪读前期多阅读而不要只强调识字，不要本末倒置，不然结果会得不偿失。识字是阅读的一部分，但没必要先识多少字再来阅读。实践中，我们可以先开始阅读（如给孩子讲故事和读书），再在阅读中识字，或者边识字，边进行大量阅读。随着时间的推移，孩子就能在不知不觉中认识大量的字，并学会广泛阅读和独立阅读。而且更重要的是，这样做还培养了孩子的阅读习惯。

阅读与识字可以这样进行

7岁前是阅读兴趣培养的关键期，因为这个年龄段的孩子求知欲表现最强。快速识字更能及时培养孩子阅读兴趣。经验证明，5～7岁期间识字时间跨度最好在4～6个月，4～5岁的孩子6～8个月。因此，把握好识字关键期并及时、快速、快乐识字，是尽快形成阅读能力的前提。

汉字是图形文字，4～7岁的孩子对图形非常敏感，认字就是给字的整体轮廓照相，快速又轻松，而不是像7岁后的小学生通过笔画分析认字，事倍功半。在快乐的游戏中识字，孩子不仅识字高效，注意力、想象力、反应速度也得到加强，阅读能力水到渠成。

1. 趣味识字。

如利用图画识字。婴幼儿读物图文并茂，色彩鲜艳，有丰富的识字内容。我们知道，越低龄的儿童对图画的兴趣越浓于文字，恰当地结合图画，在图与文的联系中识字，效率非常高，如利用插图及汉字古代的字形认识“日、月、水、火、马、虫、鱼”等字。同时还可以用简笔画展示出来，孩子能很快地看形识字，轻而易举地记住这些字。多次使用这种方法，孩子也自然学会了，就能自发地给生字配图画，如让孩子给“水、火、山、石、田、口、目、耳、木”等字配上相应的图画，并念给爸爸妈妈、爷爷奶奶或者外公外婆听。虽然他们画的不都是象形图，有些是根据字意画的，但是能自己动手作画，自己交流识字，就已经很了不起了，同时这也增强了他们识字的信心。

如编顺口溜识字。顺口溜简单易记，朗朗上口，经常用顺口溜，可对孩子识字、记字起到事半功倍的作用。例如“目”：一扇小窗细又长，两只眼睛明又亮；“月”：小小船儿弯弯月，嫦娥玉兔船里坐；“口”：一张大嘴四方方，里面空空无家当；“日”：一圈光芒围四方，只把火球横中央。又如“林、森”：“林、森”为树真有用，二木成林，三木成森。再如“轻”：左边车子轻轻跑，空中架起立交桥，横撇是跑道，一点轻轻靠，桥下工人睡着了。还有“燕”：草头下面有一横，口字藏在北里边，下边还有四点底，春天一到飞千里；“碧”：王老头，白老头，同坐一块大石头；“来”：横下点撇再加横，一竖竖在字中央，左一撇来右一捺，这个来字不会忘；“着”：眼睛看着歪尾巴羊；“前”：点撇一横长，月刀下面藏……孩子不仅利用这些口诀识记了生字，而且通过编口诀这种自主地创造性识字方法，学习汉字的积极性也大大增强了。

如添减笔画游戏识字。用猜谜的形式将加减法游戏运用到识字中，孩子学习识字更兴奋。如：木+木=(　　)；小+大=(　　)；会－人=(　　)；本－(　　)=木；立+木=(　　)；故－攵=(　　)；(　　)+(　　)=动。这样的识字不再是死记硬背的枯燥过程了，而是充满乐趣的智力游戏了。

2. 教给学生识字方法，培养识字能力。

识字不能简单地理解为只是教会孩子多少个汉字，更重要的是要教给孩子识字方法，培养他们的识字能力。因此，陪读者们可以根据汉字的特点，尽量帮助孩子总结一些识字的规律，让孩子用自己掌握的知识去归纳识字。比如：读音归类的规律（立、力、丽），笔画笔顺的规律（先横后竖：十、木、土、工）（先撇后捺：八、人、大、禾）（从上到下：卡、王、主），笔画变化的规律（贝、见），字形归类的规律（妈、蚂）（请、清）（竿、赶），等等。还要鼓励孩子用多种方法去识字，以找出最佳方法。例如可以让孩子进行归类："狮、狐、猩、猫"属什么部首？（反犬旁）"鸡、鸭、鹅"属什么部首？（鸟字旁）"狮子、狐狸、猫都是什么？""它们都是动物。""仔细观察，可以把这几个字分成两类，它们都有什么特点呢？""从这几个字可以看出兽类动物多是反犬旁，而鸟类动物多用鸟字旁。"只有教给孩子优良的学习方法，让孩子具有"触类旁通、点石成金"的本领，才能不断地提高孩子的识字能力。

3. 结合生活经验和在生活实践中识字。

孩子生活在这个多彩的世界中，汉字随处可见，周围的一切或者说生活中凡是有汉字的地方都是孩子自主识字的源泉。那么如何开发并指导孩子在生活中自主识字呢？我们可以利用周围环境识字。大街小巷的标志、广告等都为孩子识字提供了一种和谐自然的最佳环境。带领孩子走进社会识字，请孩子们用自己喜欢的方法巧识汉字，既起到了教育作用，也增识了许多汉字，拓展了孩子的思维。孩子的生活中汉字处处可见，如各种常见的玩具、文具、生活用具名称，电视、广告及街头标语和身边动植物的名称，可以让孩子做字词卡片、带图案的图片、贴标签的实物等来识记。这样不仅让孩子增识了汉字，还培养了孩子的观察力和动手操作能力。

孩子的识字能力培养，不是一件容易的事。只要家长们善于抓住孩子的心理特征，遵循一定的规律，耐心、用心、倾心，让孩子做到动手、动口、动脑，一定能成功提高孩子的识字能力，帮助孩子学会更多的文字，为自主阅读打下坚实的基础。

实战操作

做自己，最幸福

——《小猪变形记》陪读策略

书本简介

《小猪变形记》(外语教学与研究出版社，2018年8月第1版)的作者是英国作家本·科特，由著名儿童作家金波翻译。该书以图画书的形式，幽默风趣地讲述了小猪的可爱经历，道出了“做自己最幸福”的深刻哲理。

力荐理由

有一只小猪总觉得自己不幸福，认为做小猪很无聊。这一天，他出门找好玩的。他一会儿装扮成长颈鹿，一会儿装扮成斑马，后来又相继装扮成大象、袋鼠和鹦鹉。由此，他也遭遇了许多滑稽有趣、荒诞搞笑的事情。他踩着高跷扮成长颈鹿，结果滑倒，重重地摔了一跤。他扮成斑马，身上的花纹却被大象喷得干干净净。他扮成大象，鼻子上绑着长长的塑料管，一个喷嚏就把塑料管喷飞了。小猪扮成袋鼠，一跳，身子被倒挂在树上。他扮成鹦鹉，结果摔在了烂泥坑里。但最后，他还是想做一只快乐的小猪，可以在坭坑里滚来滚去。小猪懂得了：做自己，最幸福。

《小猪变形记》是《聪明豆绘本系列》中的一本。该绘本系列精选了世界各地的优秀图画书。之所以称为“聪明豆”，是因为里面的故事妙趣横生，文字轻松幽默，图画充满想象，将自我认知、友谊、爱，甚至是生命的逝去等饱含哲理的话题娓娓道来。全系列没有一句教条，却能满足孩子的成长需要；没有一丝说理，却能启发孩子的深入思考；没有一点儿喧闹，却能激起孩子的会心大笑。故事译文由著名儿童作家金波再三斟酌，语言活泼又风趣。

孩子眼中的世界是什么样的呢？他们想变成蝴蝶，停驻在花朵上，品尝花蜜的香甜；他们想变成小鸟飞上天空，自由飞翔——他们想变成任何自己羡慕的东西。《小猪变形记》中的小猪也想变成他羡慕的偶像们。在每次的变化过程中，小猪都有滑稽的遭遇，最后他掉到了坭坑里。在另一只小猪的启发下，他发现了猪的乐趣——滚泥潭。“他滚得越多，身上就越脏，身上越脏，心里就越快乐。”小猪终于找到了自己的快乐，所有的动物也各得其所。这只小猪，用他独特的方式告诉你，幸福是什么。每个人都有各自的生活，都能享受到不同的生活乐趣。如果只是一味地羡慕别人、模仿别人，这不会给自己带来快乐。只有肯定自己，爱惜自己，做快乐的自己，才是最幸福的！

这只可爱的小猪和我们的孩子多像！他们成长的世界正在变化着，一切正目不暇接地在眼前涌过。告诉孩子做自己，是认识世界的重要一步。小猪最终发现做自己最快乐，我们也应该给孩子一个空间，让他做自己。家长也应该欣赏自己的孩子，鼓励他的发展。也许他还有缺点，也许他还需要再努力，但，孩子仍然是最棒的，是那个与众不同的自己！

陪读策略

《小猪变形记》是一本非常有趣好玩的书。故事中的小猪勇于尝试、探索，不断变化，像极了一个不安分的小男孩。这样的故事肯定受我们家小男生的欢迎。这天我们又来到阅览室看书。我在一大堆书里面看到了这本《小猪变形记》，悄悄地放在儿子手边，观察他的反应。儿子看到了封面上可爱的小猪，果然一眼就喜欢上了，一页一页认真地翻看起来。他一边看一边“咯咯”地笑，看得很开心。这么好玩有趣的书只看一遍，怎么够呢？于是我陪着儿子继续读。

看一看，猜一猜

书里的很多画面都预示着故事下一节的发展，于是我们玩起了这样的游戏——看画面猜情节。刚翻到小猪踩着两只高跷往前走这页时，我故意苦恼地说：“接下来会发生什么事呢？”他兴奋又着急地说：“小猪摔了一跤。”“为什么会摔跤？他摔在哪里了？”“我猜他是不小心滑倒了。因为高跷太长了。”他又翻开了书，仔细看了看，说：“还好他摔到了草上，不太疼。”这是根据画面猜测，还能借此仔细观察图片。这就是读绘本的好方法呀。小家伙不知不觉就掌握了。窃喜一个！为了增加游戏的竞争性，我让他也来考考我。当看到小猪变成斑马遇到大象的时候，我故意说成小猪掉到池塘里，身上的油漆都被水洗了。小家伙已经急了，说：“不是的，不是的，是被大象嘴里喷出的水冲没的。”“你觉得有可能小猪是掉到池塘里，身上的条纹才没的吗？”儿子想了想说：“有可能。因为图上也有池塘啊。”“所以两种结果都有可能。书上说是被大象鼻子的水冲没的，这样更有趣。”受此启发，在看到小猪脚上绑着弹簧时，儿子补充说：“可以是被树枝卡住了，还可能是弹得太高就掉进泥坑里了。”儿子自己就把其他的可能性也想到了。看着图片，孩子猜得不亦乐乎。读绘本也能培养孩子的发散性思维哦！

学一学，做一做

故事中出现了很多的小动物，比如大象、长颈鹿、袋鼠、鹦鹉、斑马。每种动物都有自己的特点。为了让孩子对每种动物的特点有更深的认识，我们又开始了学做小动物的游戏。看到大象的时候，我们就用两只手当它的大耳朵，学它重重走路的样子。儿子还想到了用两只手臂交缠着当象鼻子，非常好玩。他还学着长颈鹿僵直着两条腿喝水，好不容易才喝到一点儿水。他由衷地感叹：“长脖子是能吃到高处的叶子，可是喝水就太麻烦了。长脖子也有不好的地方啊！”他还学着袋鼠一蹦一跳地走路，也不嫌累。就这样，儿子每天拉着我跟他一起读一起玩，兴趣持续了好长一段时间。

说一说，画一画

《小猪变形记》有意思的地方还在于自己可以往下编。在我们又玩又演了几天之后，我试着让孩子自己往下编故事。在对绘本故事充分消化之后，孩子思路大开。他说：“小猪又想到了一个绝妙的主意，他要变成猴子。他给自己绑了一根塑料管当作长长的尾巴。他跟小狗打招呼：‘我是一只会爬树的猴子。’小狗说：‘你才不是猴子呢，你是一只小猪。’小猪很生气，想爬上树，可是他爬了半天就是爬不上去，累得一屁股坐在地上，塑料管也断了。”还有小猪变母鸡，小猪变奶牛，他说得有模有样，很有意思。于是我鼓励他画出来：“你想怎么画就怎么画，能画出来就是最棒的。”最后他只画了三张很简单的画。尽管如此，我还是和他一起给画配上了文字，做成了第一本属于他的小绘本。我把这本绘本发给所有的亲戚朋友看，并让每个人夸一夸他。那段时间，他听着大家的赞赏，阅读和说话的兴趣大增。在学前，利用绘本培养阅读和表达的能力，真是一个不错的方法。

不仅仅是感动

——《爷爷变成了幽灵》陪读策略

书本简介

《爷爷变成了幽灵》(湖北美术出版社,2007年12月第1版)由金·弗珀兹·艾克松撰文,瑞典最受喜爱的插画家之一爱娃·艾瑞克松绘图。一个名叫艾斯本的小男孩面对最喜爱的爷爷突然离世,无法释怀,而离世的爷爷由于忘了做一件事也久久徘徊不肯离去,变成了游荡的幽灵。在故事的结尾,爷爷终于想起来了——原来是“我忘记对你说再见了,我的小艾斯本”! 祖孙俩人做了最后的告别。整本书的主题是“死亡”。对孩子们来说,单纯的心灵并不能理解“死亡”是什么,甚至会感到惧怕,但死亡是每个人必须要经历的,究竟该如何引导孩子去正视呢? 不妨试试这本有趣的绘本吧! 当爷爷变成幽灵之后所发生的一切有趣的事,能让孩子对“死亡”,对“幽灵”有一个新的认识。这本书不光适合小朋友阅读,大人同样也能在其中得到自己的感悟。

力荐理由

看到这个题目着实吓一跳:什么?幽灵?!这么恐怖的适合给孩子看吗?别急,只要你往下翻就会发现,原来这是一个温馨的鬼故事!有一位小男孩叫艾斯本,他最喜欢的人就是他的爷爷霍尔格。可不幸的是,有一天爷爷在大街上突发心脏病,去世了。艾斯本伤心极了,趴在桌上哭个不停。妈妈安慰他“爷爷变成了天使”,爸爸告诉他“爷爷变成了泥土”,但艾斯本并不相信父母所说的话。在他看来,爷爷既不会变成天使,也不会变成泥土。直到某个晚上,爷爷突然回来了,而且他竟然能随便穿过任何一堵墙。艾斯本终于明白:爷爷变成了幽灵!小艾斯本并没有感到害怕,反而十分兴奋,因为这样可以每天见到爷爷了。只是爷爷一直觉得不快乐,他知道自己在世的时候忘记做一件事,所以现在变成幽灵在人间飘荡。艾斯本决定帮爷爷寻找那个忘记的答案。接连几个晚上,艾斯本都跟幽灵爷爷待在一起,从家里转到镇上。爷爷回忆了种种往事:小时候哥哥送他自行车,年轻时和奶奶第一次亲吻,初为人父时被尿了一身,还有在博物馆、体育场的见闻,跟朋友喝醉的经历,以及浪漫刺激的生活体验。艾斯本也记起与爷爷相处的曾经:爷爷带他去游乐场,一起挖坑种树,在看电影时呼呼大睡,在奶奶做饭时捣乱……最后,爷爷终于想起来:“我忘记对你说再见了,我的小艾斯本!”祖孙俩哭着告别之后,幽灵爷爷就彻底消失了。现在,艾斯本可以安心地睡觉、上学了,因为他已经放下对爷爷的依恋,不再难以释怀,学会用平常心来怀念爷爷,带着这份想念好好生活。

书中的画风朴实而清新,以彩色铅笔作画,带有一种天然的细腻之感。仔细观察,艾斯本长着细细的脖子和一双豆子般大的小眼睛,爷爷则有着大大的鼻子和粗短的眉毛,诙谐的人物造型,微妙的表情和肢体动作,给故事带来漫画式的幽默。封面巧妙地利用光影营造了生死两个世界，一黑一黄，对比强烈，爷爷和孙子张开双臂却无法相拥，让人感到一丝淡淡的哀伤和无奈。尽管如此，祖孙俩的表情是快乐的，仿佛嬉戏一般，因为彼此都是对方心里爱着、牵挂着的人呀。单是看图片，读者的情感就经历了多重体验。

平淡之中见真情，珍贵回忆是人与人之间最大的宝藏。当温柔的记忆像一道闸门打开来，回忆的潮水包围着祖孙二人。爷爷回顾了自己丰富的人生经历，艾斯本也想起了和爷爷在一起的快乐时光。每个人在成长的过程中，都有来自家人、长辈的陪伴或影响，这些似曾相识的经历，最容易引起孩子的共鸣。文本链接了生活中的实际体验，这正是激起儿童阅读兴趣的关键点。

绘本虽薄但意“厚”，跟最近评分超高的动画片《寻梦环游记》相似，作者通过充满温情的小故事将“死亡”这个沉重的话题呈现在孩子面前，从开始艾斯本不接受爷爷死亡的现实，到与爷爷共同回忆温馨往事，再到结局艾斯本与爷爷好好告别，选择释然，在如真如梦的现实和虚幻中，向小读者讲述了难以言表的生死之别，蕴含了对死亡的解释，教给孩子的是面对亲人逝去时的正确态度。阅读过后，孩子感受到的不再是恐惧与痛苦，而是暖暖的回忆和感动，更重要的是懂得了死亡本是生命常态，要勇敢坦然地去面对。

陪读策略

死亡初体验

家有一女，特别喜欢小动物，成长至今，养过大大小小许多种宠物：曾经养过一只小土狗，后来大了些就送到了乡下亲戚家；年初逛花鸟市场时买的小金鱼和小乌龟还在；上周又对邻居家的仓鼠很感兴趣，吵着也买了一只，取名“球球”，爱不释手。可就在两天前，仓鼠球球毫无征兆地死了！前一晚还好好的，女儿在仓鼠的食盆里放了菜叶，看着仓鼠吃完叶子后才心满意足地上床睡觉。第二天大早，孩子如往常一样去看球球，却发现它已经安静地躺着，一动也不动。小丫头急得抱起仓鼠大叫：“球球怎么了？生病了吗？你快动一动！”一阵“抢救”过后，仓鼠瞪着眼睛毫无反应，这下确认球球真的死了。女儿“哇”地就哭了出来，边抹着眼泪鼻涕边说：“以后再也不会遇到像球球这么可爱的仓鼠了。”那时恰逢外婆村子里有家老人去世，哀乐从早到晚回荡在小小的村庄，带着女儿路过，敏感的她已经对这段旋律有了异样感受，拉着我加快了脚步。未曾想过，沉重的“死亡”二字，竟会以这样的方式早早来临，出现在年仅5岁的小女孩世界里。

当天晚上，临睡时孩子又提到了仓鼠球球：“我还是舍不得它，我很想它再陪我玩。”接着忽然问：“妈妈，你说人和小动物死了会去哪里？”听起来似乎并非随口说说，这问题着实让我有些吃惊。女儿咬着嘴唇，稚嫩的脸上已然罩上一丝淡淡的哀伤。于是我顿了顿，稍微平复了心情后，告诉她：“其实人或小动物死了以后，并没有消失，他们的灵魂会变成天使，飞到天上，在看不见的地方陪着我们……”

听到这样的解释，女儿眨着眼睛说：“真的吗？那球球也会变成天使？”

“会的，它会在天堂等着和你见面。”

“既然我们还可以在天堂见面，那它为什么一定要死呢？”

对呀，为什么？我也说不清。对这种较真儿的小孩，虽然暂时安慰了她的情绪，但显然内心并没有真正解脱于此问题。看着眼泪已经在眼圈儿打转的小家伙，我陷入思考，该用什么样的方式好好回答这个问题，让孩子接受死亡，带着勇敢、健康的心态去面对它呢？

以“毒”攻“毒”，治愈良方

在中国人的观念里，“死”是一个很忌讳的字。平时，大家一般不会讨论死亡这个话题。即使是九年一贯制的教育，也很少主动提及死亡。四五岁的孩子是天生的哲学家，在他思维发展的正常规律中，会开始思考一些关于生命的命题："人为什么会死？""人死后会去哪里？"当孩子将这些叮当作响的问题摆在家长面前时，我们会本能地粉饰太平，搪塞回避："他想安安静静地睡觉，睡好久好久，永远都不起来。""他去另一个世界旅行了。""他被邀请去天堂做客了。"……我们自以为孩子尚小，还不能理解死亡，自以为在保护孩子远离残酷与伤痛，实际上很容易让孩子信以为真，掉进一个幻想的世界里而不知死亡的真相；抑或对逝去的生命产生抱怨，认为他们有去无回，爸爸妈妈也都是在骗人；甚至会混淆了死亡和睡觉的概念，害怕睡眠，留下了错误的印象。善意的谎言适得其反，孩子囿于对死亡的疑惑和恐惧，很可能比较难以面对人生真实的一面——也就是说，心理无法长大。

生命的本质是有生有死，死亡是一件平常之事，不应该成为遮遮掩掩的禁忌。这个时候怎么引导，就显得尤为重要。既然孩子对死亡抱有抗拒的心理，索性就以"毒"攻"毒"，选择死亡主题的绘本来读一读，直面于此，才能治愈这颗小心灵。就从《爷爷变成了幽灵》开始。

初次接触"幽灵"这个词语，孩子内心是好奇的，但也有些隐隐的紧张，看得出她想要继续了解下去，这正是开启阅读的最佳时机。在一起读故事的过程中，我提醒孩子观察爷爷和艾斯本的表情、动作，讨论爷爷心里会在想什么，他为什么会这样做。阅读中，孩子明白爷爷是非常爱小孙子艾斯本的，所以变成幽灵后的他一点儿也不可怕。最后，我问孩子："你觉得艾斯本还会想爷爷吗？"

"当然啦！他答应过爷爷的。"孩子非常肯定地点点头。

"他还像开始那样悲伤，一直哭吗？"

"不会了，如果再哭的话就不能好好吃饭睡觉，不能上学了。"

孩子的反应挺平静，我趁热打铁，聊起了阳台上枯死的丝瓜。我告诉孩子，植物通常会在春天和夏天生长，到了秋冬时慢慢凋零——所有的生命都一样，会经历生长、旺盛和死亡。接着，我把话题引向了动物和家人。“球球活着的时候你照顾它，对它很好。它也陪我们玩，让我们开心，所以我们要谢谢它，并且肯定它曾经存在的价值。”孩子若有所思地点点头。

一个下午，我跟孩子从主题阅读开始，聊起关于生命的内容，让她明白死亡很平常，只是生命的另一种形式。面对死亡，我们可以把心里的爱和回忆好好珍藏。而活着是一件很美好的事情，因为有死亡，所以更加要珍惜生命，不管是自己的，还是小动物的。

爷爷之所以会变成幽灵回到小男孩子艾斯本的身边，是因为爷爷忘记和他最疼爱的艾斯本告别了。其实这就是所谓的“仪式感”，它为生活赋予特殊意义。死亡告别，是一种心理上的安慰与释然。虽然仓鼠的尸体已经被“处理”掉了，但我和孩子仍然决定——为它举行一个告别仪式。我们在野外找了一棵树，把仓鼠用过的玩具、小笼子和一张照片埋在树底下，并对着树许下了祝福。回家的路上，女儿说，她想继续养只仓鼠，还叫球球。

都说教育需要契机，阅读又何尝不是呢？在特殊的时刻选择恰当的阅读内容，也许就是一副治愈心灵的良药。走过这样的心路历程，我相信，当孩子下一次再面对死亡的时候，内心能够多出一份坦然和希望。

佳片，让感动常在

我认为阅读是动态的，它不单单局限在固定的文字中，影视作品带来的声色光影能够赋予我们立体化的阅读体验，甚至触发更深层次的心灵颤动。引导孩子正视死亡的方式有很多，可以是最直接的情感宣泄，可以是温情的陪伴阅读，可以是有仪式感的道别。不过这次，我选择用一部电影来延续生命的感动。

动画片《寻梦环游记》可以说是送给孩子最好的“死亡教育”教科

片。电影讲述了一个鞋匠家庭出身的小男孩米格，为了圆音乐梦，走进死亡之地，遇到祖先的灵魂，最终得到他们的祝福重返人间唱歌的故事。在我看来，追寻音乐梦想只是一条引线，电影更多的是以一个独特的视角，为懵懂的孩子诠释什么是死亡。这个视角没有悲伤，没有恐惧，却能恰如其分地让孩子懂得死亡，并且告诉孩子——死亡不可怕，死去的亲人，还是那么和蔼可亲，还会在别的世界爱着我们。

电影里的墨西哥“亡灵节”背景非常特别。墨西哥文化中，对生死的态度是无所畏惧，是豁达坦然。当地人有一句谚语：“死者在棺，生者狂欢。”他们的亡灵节不像中国清明节一般沉重和悲伤，反而蕴藏着狂欢的热闹与生机，因为连接了超越生死的爱，更显温情。所以在看电影之前，我先给孩子做足了“功课”，科普这样截然不同的文化习俗，尤其是骷髅的象征。意料之外，大大咧咧的小丫头居然并不感到害怕。

当米格穿过万寿菊花瓣铺成的桥，踏入亡灵们生活的世界，被满目的奇幻和绚丽所震撼，女儿也忍不住惊叹：“哇，好漂亮啊！妈妈，人死了都会去这个地方玩吗？”她还注意到，亡灵的世界也同样有可爱的宠物，它们还有许多神奇的能力！原来，死去的人活得也很好，跟所有死去的家人在一起，吃吃喝喝，唱唱跳跳，开各种派对，做着和现实世界一样的事情，每年亡灵节还能盛装打扮，重返人间和心爱的人团聚，真好呀。

“妈妈，我们要一直记得球球好不好？这样，它才可以在那个城市很开心，就不会消失了。”一部关于死亡与爱的电影，小家伙能读出这样的感受，已经够了！

初见成效

死亡教育并不是单纯地把死亡的概念灌输给孩子，也不是谈到死就戛然而止。正因为恐惧、疑惑，才更需要勇敢地正视。有了这次以

“毒”攻“毒”的经验，每当孩子出现各种困惑，尤其是孩子感到害怕，心生退缩想放弃时，我会下意识地思考能否利用相应的主题式阅读作为一剂“药方”，来“治愈”内心的问题。

因为刷牙习惯的问题，孩子有颗牙齿坏了必须去看牙科。可一提到要看牙齿，她就表现出极强的抗拒心理，哭闹着死活不愿意。于是我陪她一起读了《鳄鱼怕怕 牙医怕怕》。鳄鱼和牙医之间相互害怕，可是又因为蛀牙必须凑到一起，凶恶的鳄鱼只得乖乖听牙医摆弄，而红脸的牙医也只能壮着胆子上。牙医居然也会害怕！孩子觉得好笑的同时，在心理上也接受了“看牙是件小事而已”，乖乖去治大黑牙了。

有段时间，孩子不愿意试着一个人睡觉，不敢一个人上厕所，不敢自己走进没有开灯的房间——因为恐惧黑暗，脑袋中总想着黑暗里会不会有怪物，自然对夜晚心生讨厌。这时请出药方——《一个黑黑、黑黑的故事》。一切在黑暗的笼罩中，眼露凶光的猫头鹰，瑟瑟发抖的兔子，阴森恐怖的树林，空无一人的老宅……一切都是那么令人害怕！然而看到结尾，一直紧张的孩子长长舒了口气，情不自禁地笑出声音来——大房子的主人居然是只小老鼠！黑夜看起来很恐怖，其实并非如此，只是我们自己吓自己罢了。克服这层不必要的恐惧，孩子反倒主动要求独自睡觉做“勇敢宝宝”了。

作为孩子最亲近和信赖的人，能陪着她共读书本，像打怪升级般解决接踵而至的问题，漫漫成长路，于我而言又何尝不是种幸福呢！

我会自己读

——《迪士尼我会自己读》陪读策略

书本简介

童趣出版公司的《迪士尼我会自己读》(人民邮电出版社,2016年8月第1版)系列图书是根据小学语文课程标准编写的分级读物。这套书既是对同名电影的精彩复现,又是诸多教育专家和全国知名小学语文教师团队倾情改编、静心打磨而成的分级读物。

针对不同年龄段孩子的认知和阅读特点,该系列图书共分为8个等级。前6级针对学龄前儿童,识字范围从50到400个字不等,为孩子进入小学的学习和阅读打下了识字基础。第7级和第8级则针对的是一年级儿童,识字范围增加至1100个字。其后还有更进一步的“流利阅读”(二年级)、“疯狂阅读”(三年级及以上),识字量达到小学阶段要求掌握的总量。各册图书使用的词汇也都是儿童阅读中最常遇到的高频字、高频词。词汇按照儿童阅读中出现的先后顺序、认读难度、字义难度等标准进行分级,循序渐进。

书后还附有不同难度级别的总字表和重点字表，方便孩子重点复习和巩固。另附的文字游戏和小奖状，也能方便家长检测。再加上所学汉字与生动有趣的迪士尼动画相结合，激发了孩子的阅读兴趣。

力荐理由

儿童阅读的重要性不言而喻。但作为家长的我们，往往也会产生许多的疑问，如孩子在幼儿园到底该不该开始识字、通过什么方式识字、怎样从父母陪读逐渐向自主阅读过渡、怎样在保持阅读兴趣的基础上有所习得等等。儿童的早期阅读重点应是阅读兴趣的培养。把生字放到故事中识记比用识字卡片的方式教孩子识字更具意义。我们鼓励亲子阅读，更鼓励孩子转向独立的自主阅读。这些都是毋庸置疑的。那就来看看这套分级读物吧！相信你能从中寻找到你想要的答案！

著名儿童文学作家金波说："能够将阅读心理秩序与使用字频的顺序结合起来的分级读物，才是最实用的！这套书做到了！"这套书从"高频、简单、构词能力强的字先认，到通过各种方式复现，再到故事内容的打磨，从分级阅读的角度，综合考虑生字、生词、句子长度、主题深浅等多个因素，编写出难度递增的故事"。这样，就让孩子在最初认知50个字的基础上，逐渐能在大人的帮助下读完一则故事，再到幼儿园识字量积累到500个常用字，最终实现自主阅读，并在此期间建立自主阅读的兴趣，养成自主阅读的习惯，产生自主阅读的成就感！孩子的识字变得更科学，孩子的自主阅读变得很easy。

《父母必读》杂志主编徐凡评价此书："兴趣是孩子阅读最好的引导者，这就是一套能抓住孩子兴趣的书！"动画片永远是孩子们的最爱。该书选择了迪士尼的漫画人物和漫画故事作为主要内容，极富趣味性。《三只小猪》《白雪公主和七个小矮人》《米老鼠》《小熊维尼》《赛车总动员》《小公主苏菲亚》《冰雪奇缘》……这些耳熟能详的故事，精彩好看的动画,给童年带来了多少乐趣啊!相信不管男孩、女孩,只要一看到熟识的动画人物和场景,就会爱不释手,立即打开进行阅读。在增强了阅读趣味的同时,这样做也降低了阅读的难度。现行小学语文教材编者王林先生说:“这套分级读物是‘戴着镣铐跳舞’的创作!但故事仍然精彩十足,劲道十足。”

和时下流行的图画书不同,这套书是把识字放在重要位置的,同时兼顾文学性。通过有趣的故事,能让孩子认识汉字,早日实现自主阅读。通过这套书,孩子能在阅读之路上缓缓起步,一路前行!

陪读策略

无意间在新华书店第一次看见《迪士尼我会自己读》系列丛书,全书目前市面上共有七级,每级共六本书。我想着儿子一定会喜欢的,于是就兴冲冲地捧回第一级,试着让儿子读一读。

这是我给孩子买的第一套不带拼音的课外书。但没多久,我就开始担心:还没有上小学的儿子会读吗?一开始就直接识字,儿子会不会觉得困难?然后枯燥,然后不愿意阅读,然后……太可怕了。

可买都买回来了,硬着头皮也要试一试。

动画引读,激发兴趣

因为这套书识字内容的安排巧妙地与迪士尼动画内容紧密联系,为了推行我的计划,我得花点儿心思了。

儿子是个小电视迷,要不是平时对他看电视的时间有限制,那一定是一天到晚都在电视机前。于是——

“儿子,今天妈妈跟你一起看动画电影吧!”我故意诱惑。

“真的假的?妈妈你让我看多久?”半信半疑的他自觉地问起观看时间。

“不限时间,但一定是要我们都喜欢看的。”

“这样啊。”儿子一边拿着遥控器一边嘀咕，“奥特曼这种打架的你不喜欢看。熊大熊二，蜘蛛侠……妈妈，我都喜欢看的。要不你来选吧！”

Bingo！正中下怀！我故作一本正经的样子说道：“这样啊，那好吧！我选的，你可要和我一起看哦……嗯，我们今天就去看一条可爱的小鱼，看看在它身上发生了什么事儿。”

铺垫结束，我俩一起度过了欢乐的时光。

看图猜词，降低难度

“电影里的小丑鱼认识了好朋友，叫作——”

“多莉！”

“小丑鱼也遇到了三只——”

“大鲨鱼！啊……”

“小丑鱼的家在——”

“珊瑚礁！”

……

对答如流啊！不错不错！“妈妈这儿也有一本书，看！”我从身后拿出书来，“那你想不想知道这本书里尼莫会不会也遇到这些朋友呢？”

“想！”

翻开书来，儿子读了起来。遇到不会的字，他就抬起头来看我一眼，请求我的帮助。我不说话，伸手指了指“珊瑚礁”这词上面的小图。“妈妈，这是尼莫的家珊瑚礁啊！”

“对啊，这下面的字就读‘珊瑚礁’呢！当你看到这样有小图的词语，你可以猜一猜就知道了。”带着疑惑，他又接着往下读取。果然，“多莉”“海龟”等儿子不认识的字和词在看图猜读音的帮助下也能猜个七七八八，虽然磕磕绊绊的，但儿子竟然自己完整地读下来了，乐得他有些得意：“妈妈，原来这个小图就是密码啊！爸爸爸爸，我读给你听！”

在猜猜读读的过程中,孩子克服了识字中遇到的困难,降低了自主阅读的难度,提高了孩子自主阅读的自信心。

奖状激励,及时评价

花了将近半个小时读完了《迪士尼我会自己读》第一级的《小丑鱼》。对照最后一页的生字表,我知道这个故事读完,儿子大致掌握了一百来个字。当然,还有很多生字儿子是没有完全掌握的,但这只是个开始。良好的开始是成功的一半,是该鼓励鼓励的时候了。找来爸爸,在书本后面工工整整地写上儿子的名字,签上日期,撕下来,正儿八经地把奖状颁发给了儿子,仪式感十足。第一次拿到奖状的心情不言而喻。我笑着竖起大拇指,隆重地把奖状贴在了墙上。

这张小小的纸张是对儿子自主阅读的小小肯定,激励了他自主阅读的积极性,推动着自主阅读小船的前行。

不断复现

可是,我内心的担忧仍然还在。还有很多字儿子还是不认识或不熟练的,我也不可能一个字一个字地教过去啊！怎么办呢?

"儿子,今天我们再来读一读《小丑鱼》好不好啊?"

"不要！我已经读过了。"儿子冷漠拒绝。

"我们还可以多读几遍啊!"

"不要,我要一天读一本!"惨遭再次拒绝。

这可怎么办？本希望儿子能多读几遍巩固认识生字词的,这下不好商量了。行吧,那就一天一本吧。

就这样,不知不觉第一级的六本书就这么读完了。回头竟然发现,原来第一级的50个字在每一本中都会出现,也就是六本读完就反反复复地出现了好多次——在不同的故事中,在不同的句子中,在不同的词语里。有了这50个生字的积累,就为后面的第二级阅读打下了基础,提供了保障。

孩子学习和熟练掌握生字正是需要通过在不同的情境下反复再现、不断见面中逐渐熟悉的，一本一本地阅读，一级一级地闯关，生字也在一个一个地积累。不断坚持中，孩子阅读的能力和识字认字能力也在不断提高。认字—自主阅读—阅读能力的提升—表达能力的输出，这是一个完整的系统，不可单独分割进行。孩子的自主阅读建立在一定的识字基础上，良好的自主阅读能促进生字的巩固，进而提高阅读能力，逐渐加强孩子的表达能力，彼此之间相辅相成。

这是一个精彩的世界

——《三字童谣》陪读策略

书本简介

《三字童谣》(江西人民出版社,2016年10月第1版)的作者是韩兴娥、王爱玲、朱霞骏。该书是根据韩兴娥《让孩子踏上阅读快车道》中“诵读儿歌轻松识字”内容策划的,针对起步阶段的学生,广泛选取内容浅显、情境丰富、贴近孩子生活和见闻的三字童谣,既引领孩子们巩固拼音、轻松识字,又启发他们进行一些语言的模仿和创作。因此,该书不仅仅是孩子的识字读本,它也成了孩子的创作启蒙书,读起来朗朗上口,饶有趣味。

力荐理由

《三字童谣》收集了128首童谣。这些童谣三字一句,内容贴近生活,浅显易懂。

该书从内容到插图都透着童趣。童谣由易到难分成了红果果、橙点点、黄圈圈、绿泡泡、青豆豆、蓝球球、紫朵朵七组,有心的你可以发现这些可爱的组名对应着的是彩虹的颜色。每首童谣还设有可爱活泼的插图，这些插图也充满着期待，等着阅读的孩子们去填涂。

书中的字体大大的，每个字上还配有拼音，十分适合刚学过拼音的孩子。每页的两边将空间留给了童谣中出现过的生字。“我会认”的方框向学有余力的孩子发出了挑战，方便有识字能力、识字愿望的孩子轻松识字。识字给孩子带来很大的阅读乐趣，孩子自己看书的兴趣也会越来越浓厚，通过阅读能够认识更多的新字，这是个良性循环。

短短的童谣，朗朗上口，对孩子来说，无论是听大人读还是自己咿咿呀呀、摇头晃脑地“念经”都是很有乐趣的，读着读着他们总能被其中的一些情节所吸引，这还不够，巴不得自己也大显身手来编一首。这不，每组童谣后面设计了一个“秀一秀”栏目，这是孩子们的创作舞台，可以让孩子自己写一写，或者亲子共同完成，家长帮忙记录，孩子配上图画。保留孩子人生中的一件件“大作”，这是一份多么美好的回忆呀！

该书不是一次性产品，是可以反复阅读的。书的末页有一张“七彩评价表”，按“朗读童谣”“背诵童谣”“认读生字”“创作童谣”分成了四个星级，让亲子阅读更有效，我们可以用多种形式“检查”。

陪读策略

每到周末，来串门的亲戚朋友们，总会围着家中这个刚上一年级的孩子聊上一翻。闺女小野一向有问必答，“叽叽喳喳”像个小麻雀说个不停。不过对小野来说最喜欢的还是向长辈们展示她的“童谣”，奶声奶气的声音，晃着头、拍着手念“三字童谣”，那模样别提有多可爱了。面对长辈们的表扬，小野一脸的得意，为娘的心里也乐开了花，这些都得得益于《三字童谣》的阅读。

先放几首童谣，一睹为快吧！

小蘑菇

小蘑菇，你真傻！

没太阳，没大雨，

撑着伞，在干啥？

小雪花

小雪花，一片片，

给春天，发请柬。

这样的童谣光是纯粹地念，就足够吸引小野这样刚入学不久的孩子了。

在具体实践方面，我采用“听”的方式——顾名思义，就是听录音。很幸运，《三字童谣》是有配套录音的哦，而且开始的还是拼读的呢。回想起自己刚上小学那会，恰逢父母要考普通话，每天见他们都是跟着录音读呀读，我也跟着听，听不懂的地方，就好奇地凑过去看看，发现更看不懂，毕竟那会儿的我也不认识几个字。后来我把这个当作一种乐趣，每天就期待着听录音，有时候不过瘾，自己还偷偷地打开录音机听。不知不觉，普通话书中的范文基本上能背出来。所以有这么好的音频资源，就要用起来，这也给我这种缺乏朗读技巧的家长带来方便。刚开始阅读，每篇童谣内容只有12个字，一次阅读六首，亦如自己小时候那样，循环播放录音，小野自然而然就会背了。

“小野，你已经会背这六首童谣了啦？”我问。

“当然啦！”小野胸有成竹地回答。

“那现在你当老师，教妈妈读好不好？”

一听要当老师，闺女的兴致高涨，拿起书本，摇头晃脑地开始念经了。看她这么起劲，有点不忍打断，但是为了达到自己的目的，为娘的是会“不择手段”的。我装作可怜巴巴的样子说：“老师，老师，你怎么不管你的学生呢？你要指着上面的字，读给我听，我才学得会呢！”

“你这个笨同学。”小野笑着，把书拿到我跟前，然后指着，慢慢读，生怕我跟不上，“小螃蟹，横着爬，举大钳，当路霸。吃豆豆，吃豆豆，长肉肉……”

读完两首后，我又打断她，提问：“老师老师，这边上有几个字我不认识，你再教教我。”

小野眯缝着眼：“那……那好吧，哪个字不会？”

我随意指着左侧“我会认”那栏里的字，小野基本认识，能马上读出来。当我指着“横”时，她顿了顿，我担心这个“老师”下不了台，于是到童谣里指出这个字，她马上明白了我的意思：“h－eng，这个字读‘横’。”

就这样，读完了前六首童谣，小野就拿起彩笔开始给下面的插图涂色。她在涂色的时候，我也会加入，边涂边问：“小野，刚读的这些童谣里，你最喜欢哪一首？”

“《柳妞妞》。”

“为什么？”

“漂亮呀，有长长的辫子，还有发卡。跟我一样，爱打扮，爱漂亮。”小野得意地说。

“那你知道是谁把柳妞妞打扮得这么漂亮吗？”

“花蝴蝶呀。花蝴蝶，送发卡。”

“那绿辫子，是谁给她扎的？”

小野放下手中的笔，看着我说：“不知道，不知道。我的是妈妈给我扎的，那柳妞妞的小辫子谁给她扎的？妈妈快告诉我。”

“是春姑娘。”我摸摸她的小辫子说。

“春姑娘？那好厉害的。”小野轻轻地说。

我知道她还不太明白，于是接着说：“等春天，妈妈带你去江滨路看春姑娘给柳妞妞扎辫子，好不好？”

“好呀好呀，你可不要忘记了。”

“那必须的，妈妈什么时候骗过你？那你知道妈妈最喜欢哪首童谣？”

“我可不知道，你就直接说好了。你没看到我正忙着涂色吗？可没时间猜。”小野装作小大人的样子怼了我一句。

“我最喜欢《粽叶歌》，因为为娘我是个吃货，哈哈哈。”我调皮地戳着她的背说。

“你好幼稚呀！”

“幼稚？……什么节包粽子？为什么要包粽子？”

听我这么一问，小野的好奇心又上来了。于是我简单地跟她讲了端午节的习俗，又问：“你还知道哪些节日？要吃什么？能不能也编出童谣来呀？”

正巧快到中秋了，家里有亲戚拿来的月饼。在我的提示下，小野创编出了《月饼歌》(后面有展示)。

愿《三字童谣》带给小野更为丰富的阅读经历，绽放出一个更为精彩的世界。

初见成效

一本小小的《三字童谣》不仅仅是孩子学拼音、识字的读本，还是孩子的绘画书、创作启蒙书。涂色、编童谣、配上图画，别提多有意思了！孩子的眼睛被这一首首有趣的童谣擦得亮亮的。透过一首首童谣，孩子开始用全新的视角来审视自己的生活，感受自己度过的每一天，用独特的方式表达眼中、心中的世界。

二孩时代的礼物

——《跟屁虫》陪读策略

书本简介

《跟屁虫》(二十一世纪出版社,2009年8月第1版)是日本宫西达也图文、蒲蒲兰翻译的儿童绘本。该书是他写给妹妹的一本绘本。书的封面是橙色的,哥哥拿着一朵花,妹妹也拿着一朵花,哥哥侧着头向前走,妹妹也侧着头向着走,兄妹俩非常可爱,而且妹妹还穿着尿不湿。文中哥哥做什么,妹妹也跟着做什么,一派和谐景象。

力荐理由

二孩时代的到来,让很多家庭蠢蠢欲动。有些家长会征求孩子的意见,生个弟弟妹妹好不好？很多孩子斩钉截铁地回答——不要！家长们犹豫不决,不能为了生个二孩,而亏待了大孩。有些家庭有了二孩,家庭发生了质的变化,习惯了独生子的家庭,一下子多了个小成员,多少有些吃不消。而对于哥哥或者姐姐来说,家里那个小的一定是个

"烦人"的"跟屁虫"。这时候,家长该如何做呢?或许这本《跟屁虫》能够让小朋友们了解一个新的个体,有一个新的认知。

这本书的内容很简单,讲述了一个二孩家庭里,妹妹完全是个跟屁虫,哥哥做什么,妹妹也跟着做,不管适不适合,不管结果如何,她都会依葫芦画瓢,结果闹出很多笑话。相信有过兄弟姐妹的各位,小时候也经历过这样的事情,读着这本书自然就能泛起对曾经的回忆,总是能在不知不觉间让读者沉浸在故事中,与故事中的人物一起笑、一起闹。绘本的配图线条简单、色彩搭配明亮、表情可爱生动、语言简洁幽默,这都是吸引读者的利器。而故事中的小主人公,恰好也是生活中的你和我,这可以让读者更容易进入绘本的情景中。"我的妹妹是个跟屁虫"这句看似抱怨的语言,其实暗藏着身为哥哥的爱惜与自豪。这是一本二孩时代不容错过的优秀绘本。

陪读策略

妈妈,我想有个妹妹

我和先生都属鼠,因此一致决定给娃取名"大米",因为"老鼠爱大米"嘛。儿子出生以后,家里多了很多欢乐,先生更是对儿子疼爱有加。当儿子10个月的时候,国家政策允许单方独生子女生二胎。先生喜不自胜,心心念念要再生个二娃。儿子渐渐长大,我们经常跟儿子渗透弟弟妹妹的种种好处,希望大米想有弟弟妹妹的意愿,这样我们生二娃就成了顺理成章的事了。一次,无意中淘到了《跟屁虫》这本书,感觉这本书简直就是为自己家量身定做的,我迫不及待地给大米读起来。里面的内容一下子就吸引了大米,他边听边笑,每次读这本书就会笑得很夸张。这本书成了大米的"新宠"。

我说"蹦——",跳了起来。

妹妹也说"蹦——",跳了起来。妹妹是个跟屁虫。

大米:“妈妈,什么叫跟屁虫?”

我:“喜欢跟在别人后面的人叫跟屁虫。你知道为什么说妹妹是个跟屁虫吗?”

大米:“她喜欢跟在哥哥后面。”

我:“是啊,妹妹喜欢跟在哥哥后面,学着哥哥做事。她学哥哥做了什么事呢?”

大米:“哥哥跳,妹妹也跳。”

我说“再来一碗”,把空碗递给妈妈。

妹妹也说“再来一碗”,可她婉里还是满满的。妹妹是个跟屁虫。

我:“妹妹又学哥哥做什么了?”

大米:“学哥哥吃饭,再来一碗。”

我:“妹妹吃完了吗?”

大米:“没有。她的碗里还是满满地。哈哈……”

我说“我要尿尿”,冲向洗手间。

妹妹也说“我要‘料料’”,可她却尿在尿不湿里。妹妹是个跟屁虫。

我:“妹妹又学哥哥做什么了?”

大米:“学哥哥尿尿。”

我:“妹妹学会了吗?”

大米:“没有。妹妹说我要‘料料’。”(大米捂着嘴巴在笑。)

我:“你笑什么呢?”

大米:“妹妹把尿尿说成‘料料’,哈哈哈……”(每次读到这里,大米都觉得很好笑。)

我看着书“哈哈哈哈……”地大笑。

妹妹也看着书“哈哈哈哈……”地大笑,可书是倒过来的。妹妹是个跟屁虫。

我:“妹妹这里又做了什么好笑的事?”

大米:“她看书是倒过来的。哈哈哈……”

我:“是啊,妹妹真的看得懂书吗?”

大米:“看不懂。”

我:“你怎么知道妹妹看不懂呢?”

大米:“因为她的书是倒过来的。”

我:“这个妹妹可爱吗?”

大米:“可爱。妈妈,我也想有个妹妹。”

妈妈,小米太烦了

大米四岁那年如愿以偿地当上了哥哥,有了一个可爱的妹妹,取名“小米”。可是大米并没有像想象中的那么喜欢妹妹,或许是因为妹妹太小了无法交流,或许是因为妹妹分走了爸爸妈妈的爱。妹妹一岁多学会了走路,就成了家里的“新霸主”,哭闹、抢玩具、撕书、破坏玩具是她经常干的事,更可恶的是常常把大米的脸抓破。小米经常遭到哥哥的嫌弃:“妈妈,小米太烦了!”他还经常来我和他爸这里控诉小米的种种罪行。

我:“你觉得《跟屁虫》里的妹妹和我们家妹妹比,谁更可爱?”

大米:“书里的妹妹更可爱,小米太烦了。”

我:“那是因为我们家小米现在还小。等小米长大一些,她就像书里的妹妹一样成为你的跟屁虫,也会变得很可爱,可能比书里的妹妹还要可爱。”

大米:“真的吗?”

我:“当然喽,我们一起等小米慢慢长大吧。”

妈妈,小米是个跟屁虫

两岁多的妹妹俨然成了大米的跟屁虫。每天早晨都不愿意起床,大米躲在被窝里说:“不起床,不起床,起床要冻坏。”小米马上会像复读机似的复读一遍:“不起床,不起床,起床要冻坏。”喝牛奶时,大米拿根吸管开始吹气泡，小米马上也“咕噜咕噜”吹起来。如今，兄妹俩会一边读一边演，我成了他们忠实的观众。

哥哥：我说“蹦——”，跳了起来。

妹妹：妹妹也说“蹦——”，跳了起来。

合：妹妹是个跟屁虫。

哥哥：我说“再来一碗”，把空碗递给妈妈。

妹妹：妹妹也说“再来一碗”，可她碗里还是满满的。

合：妹妹是个跟屁虫。

兄妹俩一边读一边演一边笑。在这本书里，他们找到了自己，演出了真实的自己。这本书是他们生活的写照。大米也渐渐明白了，无论他做什么，妹妹都会学样，所以他应该拿出哥哥的样子来，为妹妹做好榜样。因为，小米是个跟屁虫。

初见成效

大米马上就要上小学了，《跟屁虫》这本书陪伴他好几年，对里面的内容倒背如流。生活中的许多场景会让我们联想到书中的内容。

有一天，我试着让大米画一画“小米跟屁虫”。大米二话不说就拿起笔画起来，有时还让我给他的画配上文字，图文结合，再把这些画订在一起，就是一本绘本续编。

像这样描述兄妹亲情的绘本还有一些，《我想有个弟弟》是《不一样的卡梅拉》系列之一，《查理和劳拉》系列讲述的也是兄妹之间的有爱故事。

我们不怕怕

——《鳄鱼怕怕　牙医怕怕》陪读策略

书本简介

《鳄鱼怕怕　牙医怕怕》(明天出版社,2008年10月第1版)是日本著名图画书作家五味太郎的作品。五味太郎绘画选择近似真实的风格是为了有更大的自由发挥的空间,至今他已出版了三百多本创意独特的图画书。该书讲的是鳄鱼和牙医之间的一场心理较量,用简单、反复的语句刻画了鳄鱼和牙医每时每刻戏剧性的心理变化。他们相互惧怕,可是那颗蛀牙把他们凑到了一起。凶恶的鳄鱼只得乖乖听牙医的摆弄,而红脸的牙医也只能壮着胆子上。这种反差不禁让人开怀大笑。鳄鱼都知道该刷牙,小朋友就更应该自觉了。这是一种快乐的略带讽刺意味的生活教育。

力荐理由

《鳄鱼怕怕　牙医怕怕》故事情节简单有趣,讲述的是鳄鱼牙疼不得不去看牙医,心里怕怕,而红脸牙医不得不招待这位特殊的客人,心里也怕怕。他们心中都在打鼓，但是又不得不做，只能彼此克服心中的怕怕，最后顺利完成“任务”，再礼貌地互道一句“明年再见”。

绘本的作者是位富有创意的画家——五味太郎。他曾从事过工业设计、印刷美术图案设计，虽然三十岁才加入创作图画书的行列，却在短短二十年间，拥有了三百多本图画书作品。他在绘本画面的设定上独具匠心，利用了简单的线条和对比鲜明、极具感染力的大色块绘制出呆萌的人物形象，虽然不像有的绘本那样唯美清新，却也很容易给孩子造成视觉的冲击，产生“喜感”，从而激起阅读的兴趣。

绘本中除了有趣的画面外，文字内容更是构思巧妙。文字部分全部是鳄鱼和牙医的内心独白。故事从鳄鱼的“我真的不想看到他……但是我非看不可”和红脸牙医的内心戏“我真的不想看到他，但是我非看不可”开始，以鳄鱼暗暗下决定“所以我一定不要忘记刷牙”和牙医温馨提醒“所以你一定不要忘记刷牙”结束，通篇以完全一致的心理活动展开情节，虽然台词一模一样，表达的内心却大相径庭：鳄鱼牙疼去看牙医，犹如一个孩子对医生充满惧怕；而以常人面目出现的牙医面对这样一个特殊的病人，内心同样满是恐惧。

简单、反复的语句既刻画出了鳄鱼和牙医每时每刻戏剧性的心理变化，又营造出故事讲述结构上朴实中透着奇巧的美学效果。在阅读的过程中，我们可以陪着孩子来一场角色扮演，一起模仿人物的表情动作，用多变夸张的语调展现他们的内心活动，体会人物角色的立场和心理变化的过程，将阅读迈向审美，发现其中的趣味。

陪读策略

听说你们家也有个讨厌刷牙的宝贝？那真巧，我们家每天早晚都为这事斗智斗勇……来来，让我先来吐吐槽：刷牙之难，难于上青天呀！

因为自己小时候晚上爱吃零食不刷牙，至今都被那七颗蛀牙困扰，于是对闺女刷牙这项工程，我可是非常重视。牙刷是小野自己挑选的兔子造型儿童牙刷，牙膏是不含氟的儿童牙膏，然而一到刷牙时间，这牙刷就变成了大灰狼，会咬手，牙膏也变成了橡皮泥，不能入口，小野有一堆拒绝刷牙的理由。强硬点？我和她爸左右开弓，强制执行。那也总不能次次这样吧，于是我又现身说法，给她看我的蛀牙，讲述我被蛀牙折磨的故事，却只换来一句："妈妈，我好同情你呀！"我当时满脸黑线呀。他爸又说，你一个小女孩不刷牙，会有口臭，你去幼儿园，一开口就会将你的同学和老师给臭晕了，你就没有朋友了。你不刷牙，嘴巴里会长小虫，跟你抢吃的。闺女听了一脸惊恐，可是一刷牙照样偷懒，想蒙混过关。

连哄带骗没什么效果，为娘的感觉气数已尽，打算跟她"讲道理"，于是开启了阅读绘本《鳄鱼怕怕　牙医怕怕》之旅，同时继续踏上识字之路。

指一指，助认识

读绘本是很多家长喜爱的亲子互动方式，因为既有助于孩子成长，又能通过绘本教孩子学习字词。然而，想要通过绘本故事教小朋友识字的家长，可要当心了——英国苏塞克斯大学的一项研究表明，每页超过一张插图的绘本故事书会导致学龄前儿童识字能力下降，因为他们不知道父母读到了哪里，这对他们从故事中学到新字词造成了极大的影响。

这可怎么办呢？动动我们的手就可以啦。

在读故事之前增加一个简单的手势，为孩子们指出即将读到的图片位置。这个手势在帮助孩子们通过一页有两张多插图的故事识字时很有效果，简单地将孩子们的注意力引导到正确的书页和图片位置，就可以帮助他们去关注新字词。

又到了一天的睡前故事，我拿出绘本："我们今天讲一个鳄鱼和牙医的故事好不好呀?”我放慢语速,用手指从相应的人物图画移到故事题目中对应的“鳄鱼”和“牙医”这两个名称上。“小野,你宣布我们今天故事的题目吧!”小野拿过我手中的绘本,我顺势用手指着故事题目,她看着题目,清了清嗓子,像一个报告发言人一样,一本正经地说:“鳄鱼伯伯,牙医伯伯。”一听,我差点没笑出声来,摸了摸小野的头,然后用手指着题目上的“怕”字说:“这个字是‘怕’,你看看这里的小鳄鱼和红脸牙医的表情……”

“看起来是有点怕怕的。”

“是的,就是‘怕怕’。”我边说边用手指在两个“怕怕”字眼下画着横线,然后拉过闺女的手,在她手心里写着单人旁,“你那伯伯的‘伯’左边是这样的。”

小野忙着点头,把题目又重新念了一遍:“鳄鱼怕怕,牙医怕怕。”

打开绘本,一条鳄鱼捂着大嘴巴,看起来既害怕又伤心。我怯生生地读着绘本上的文字,手指也一起跟着指:“我真的不想看到他……但是我非看不可。”

“看来这个小鳄鱼牙齿痛,要去看牙医了哟。”

“对呀,小野,你不爱刷牙,等你牙痛那天,你也非见牙医不可了。”我严肃地说。

“那我是真的不想看到他,太可怕了。”小野调皮地抖了抖身子。

我翻了一页,画面转到了牙科诊所内,只见红脸牙医正在修理医疗设备,神情紧张,我用手指着文字:“你看,这个牙医想的好像和……”

“和小鳄鱼一样的。”小野马上接着我的话说。

我看了看闺女,示意她和我一起读这段话:“我真的不想看到他,但是我非看不可。”

我接着翻绘本:“你看,他们相见了。”

“啊!呀!”小野学着绘本上人物的表情,发出惊讶的叫声。

“你认识这个字?”

“不认识呀。我看他这个脸和嘴,好像就在说‘啊’,看他们都吓坏了!”

“哈哈,是的,他们都害怕见到对方,所以面对面时就这样发出了‘啊’的大叫。”我看着小野,瞪大双眼,露出惊吓的表情。

“我一定得去吗?”我捧着脸,带着哭腔继续读故事。

小野看看我,又看看绘本,轻轻嘀咕:“我一定得去吗?”

我把头挨到小野的头前温柔地说:“小鳄鱼,为了牙齿不疼,你一定得去呀!”

小野显然已经进入到故事中了,再翻一页,鳄鱼已经坐到了椅子上,皱着眉头。旁边的牙医一手摸着胸口,也是一点点的担心。“我好害怕……”读完,我又看了看小野,“躺着的小鳄鱼,你呢?”

“怕怕,可害怕了。”

“那我们一起把这里的读一遍。”

演一演,强巩固

“接下来妈妈当牙医,你来当小鳄鱼,我们一起把故事讲完好吗?”

小野兴奋地坐直,用力点头。

“我好害怕……”我一只手摸着胸口,另一只手从牙医的表情移到上方的文字,胆怯地说。

“我好害怕……”小野用手捂着嘴,弱弱地说。

又翻一页,我一边撸袖子一边说:“我一定要勇敢。”

小野准备学着我的语气说时,我用手指着那行字,让她看着读出来,她坚定地说:“我一定要勇敢。”

翻了一页绘本,我把手伸向小野的头,假装要帮她治疗牙齿:“我做好最坏的打算了。”

小野看了看绘本上的鳄鱼,说:“我做好最坏的打算了。”

就这样，我和闺女边演边讲，读完了绘本。我害怕她不理解其中的意思，问：“鳄鱼为什么不想见到牙医呀？”

“因为它害怕牙医呀，你看鳄鱼嘴那么大，牙齿也那么大，牙医也很怕它，所以他们都不想再见面了。所以鳄鱼一定要刷牙才行呢！”

这时在一旁沉默了许久的小伙伴加入到我们的对话中：“鳄鱼小野小朋友，你今天晚上又没有刷牙，要是牙疼了，怎么办？你非去见牙医不可呢！”接下来小野和他爸爸又把故事演了一遍。这一遍中我发现，小野几乎能把故事中的内容读出来。绘本有好玩好听的故事，而且图大字少，孩子是百听不厌，他们愿意不厌其烦地反复阅读。这本绘本中的同样句子反复出现，加强记忆，孩子能在阅读中轻松而愉悦地识字。

初见成效

读完这个故事之后，尤其是刚读完的那个晚上，小野第一次自己主动要求刷牙。她拿起原本嫌弃的牙刷对我说：“妈妈，帮我多挤一点牙膏，这样才能把我的牙齿刷得干干净净。”

别样的茶会

——《狮子爸爸的茶会》陪读策略

书本简介

这是一场独特的茶会，这里有一个令人捧腹的误会。狮子爸爸原本打算办一场安静的、属于家庭内部成员的茶会，但现实是预想中的茶会被各种“不速之客”打乱，从狂欢闹腾到安静克制，动物们的变化有趣极了，结局意料之外却又在情理之中。《狮子爸爸的茶会》（郑州大学出版社，2016年7月第1版）借用了孩子们熟知的动物角色，生动诙谐地描绘出一个让孩子们憧憬的茶会。作者马克·斯佩林的构思极为巧妙，在分享童话王国茶会的同时，引领孩子们走进学习“规矩”的课堂，也引出了关于“规矩”教育的探讨和分享，写给孩子，也写给大人，不失为亲子共读的好故事。

力荐理由

马克·斯佩林的绘本故事充满了英式幽默。《狮子爸爸的茶会》从孩童的视角出发，在接连不断的意外和惊喜中，对不同场合中的安静与热闹作出了选择，告诉孩子何时该动，何时该静，这动静之间的边界在哪里。更重要的是，通过“安静茶会变吵闹派对”这样一出搞笑的意外，明确人际交往中的一条准则——遵守约定。无论是在一开始，动物们老老实实听从约定，保持彬彬有礼的安静，还是后来大家一致同意才变回闹腾的大狂欢，其中包含的核心便是对约定的尊重，也就是狮子爸爸讲的“规矩”。规矩就是尊重彼此，遵守约定。这里面，体现了现代公民的基本素养，也是对儿童形成契约精神的启蒙，值得我们深思。

作为绘本，整本书的文字不多，却妙趣横生。最明显的体验在于那些大小不一、不按规则排版的文字，配合着不断发展变化的情节和图画，让我们在阅读的过程中感受到活泼的律动感，充分调动了视觉与听觉，让阅读变得趣味十足，自然间拉近了跟孩子的距离。另一方面，有些短短的句子看似只说了一半，不够完整，实则巧妙留白，创造了更多想象的空间。

当然，书中的小细节也不容忽视。作者马克·斯佩林和插画师莎拉·沃伯顿可以说配合得天衣无缝，一个个精美的印花茶具，“英式下午茶”风格的点心盘，表情各异的动物……无不吸引着孩子们的眼球。虽然整本书的画面看起来有点“杂乱”，到处布满各种植物、美食和动物，色彩搭配也是花花绿绿“迷人眼”，但这才是真正的儿童视角。孩子不会在意“乱”，反而最喜欢丰富的色彩和图案，会更忍不住从中寻找各种细节，阅读体验的快乐便从中来。

陪读策略

当越来越多的“中国式熊孩子”遭到吐槽，我们往往指责背后的家长在教育时出现无原则的失误；可当更多的孩子“把头发梳成大人模样”，按照成人世界的标准表现自己，学着循规蹈矩地说话、思考，我们又惋惜他们早早失去孩童本该有的天真自由。规矩和天性,真的只能对立吗? 或许,带着孩子读一读《狮子爸爸的茶会》,就会找到属于自己的答案。

火眼金睛来找"茬"

绘本,可看,可读,可赏。当孩子初次接触阅读的世界,绘本无疑是最适合孩子阅读的图书形式。尤其对于低龄儿童,当拿到《狮子爸爸的茶会》这本书,第一时间肯定会被色彩鲜艳的图画吸引,马上兴致勃勃地往下翻。抓住这个兴趣点,就可以引导孩子擦亮自己的"火眼金睛",到图片中找找"茬",如果学会关注图片中的细节,说不定能发现很多有趣的信息呢! 于是,借着学校"阅读周"活动的契机,我在班里进行了一次共读指导。

从封面开始,我就有意识地引导小朋友去观察:"把书本展开来,你发现了什么?"小朋友马上看出这是一幅完整的图画。

"数一数有哪些动物? 你觉得这是个怎样的茶会?"看来这真是一个真热闹有趣的茶会呀!

"再接着读读题目,谁又有发现?"孩子们自信地举起手——原来,书名处就能找到"爸爸"两字中藏着的一对传神的小眼睛,而且和下图小狮子眼睛的朝向是一致的。

"翻开扉页,除了书名、作者和出版社,它还补充了封面没有的信息,你能找到吗?"

有的孩子回答:"左右两边有黑猩猩的手和大象的长鼻子。"

有的说:"点心摆得很整齐,说明狮子爸爸精心准备过。"

还有的关注到每层放了什么点心。

当然,正文里的细节就更多、更丰富了。当小动物们彻底放松了,恢复了无拘无束的本性,整个茶会的气氛变得一派热闹。此时我继续问:"小朋友们比一比,谁能发现更多有趣的小细节?"比如在原来安静的茶会上，长颈鹿努力低头依然够不到手里的茶杯，而到了欢闹的派对，长颈鹿只露出一个头；几只小老鼠一个叠一个站在鳄鱼肩膀上，高度刚好可以把蛋糕喂给长颈鹿吃；还有花蛇吃得饱饱的，背上鼓起一个蛋糕形状的大包；孔雀满脸得意地对着游客开屏；鹦鹉拿着话筒唱得陶醉；企鹅在桌上跳舞；猩猩荡起秋千……通过一个个表情和动作，孩子们体会到动物们从内到外释放天性的欢乐。

阅读并不枯燥，要想获取更细微的信息，不妨试试这种小游戏的形式，只要稍加引导，每个孩子都能用上自己的“火眼金睛”，在潜移默化中培养了孩子们读图的能力，而发现所带来的成就感和快乐体验也就油然而生了。

读出“大千世界”

看似薄薄一本书，其实藏着与作者紧密相连的一方世界。正所谓作品反映作者，支撑《狮子爸爸的茶会》的是熏陶作者马克·斯佩林成长的英国文化，以及他具备的科学知识。所以我觉得有必要跟孩子们聊一聊英国的文化，分享书中出现的各种动物的特点，通过阅读打开拓展视野的窗口，让孩子们了解到外面的“大千世界”。

在正式读文本内容之前，我设计了几个问题。首先提出疑问：“书名为什么是《狮子爸爸的茶会》？不能是其他动物吗？”然后当场打开电脑，跟着孩子一起上网查了关于英国文化的小资料，看介绍风土人情的视频短片。这时候孩子们就知道了——因为作者是英国人，英国人非常崇拜威猛的狮子，就像我们中国人崇拜龙一样。接着帮助孩子了解茶文化：“为什么选择开茶会呢？”原来，英国喝下午茶的传统习惯有好几百年的历史了，是享受生活和社交的一种重要方式，因此非常讲究，对喝茶时间、地点、礼仪甚至茶具、点心都有相应的要求。最后，引导孩子们结合扉页观察，加深对茶文化的认识：“说说你从中知道的茶文化。”不难发现：第一层摆放三明治和水果，第二层摆放糕点，第三层摆放蛋糕。如此讲究,难怪狮子爸爸一定要用那套印着玫瑰花图案的精美茶具呀!

除了英国的风俗文化外,该绘本还能科普很多动物知识。我让孩子们利用课外阅读学到的知识思考:故事里藏了哪些有关动物的小知识?一些孩子发现动物们会有不同的叫声——小猪是“呼噜”,犀牛是“吭哧”;有人提到臭鼬爱放屁是一种对付敌人的方式;说到树懒的时候,一个男生立刻联想到《疯狂动物城》里的闪电,一时间大家都在模仿闪电特别慢的样子,还有孩子猜测:“树懒太慢了,所以没赶上茶会。”那么现实生活中树懒是不是真的很慢呢?什么原因会这样?鸵鸟为什么要把头埋在沙子里?别的动物有什么有趣的特点?就像十万个为什么,一连串问号蹦了出来,无穷无尽的动物世界等着孩子们去探寻。

阅读应该是活的,是发散而无边界的,应跳出一方纸的局限。好奇是学习的驱动力,孩子因为感兴趣就会忍不住去了解、探索外部的世界。假如鼓励孩子一直保持这样的习惯,那将会有多大的收获啊!

遵守规则,更尊重孩子

《狮子爸爸的茶会》里的狮子爸爸是个标准的英国绅士,他想要一个安静、有规矩的茶会,并且用各种理由拒绝了小狮子邀请别人的想法。于是来参加茶会的小动物们只能表现得规规矩矩。实际上这就是对社会契约的一种认同,不管是什么身份,在这个社会上必须要控制自己的不良行为,并遵守约定。随着共读的深入,我在不断追问中促使孩子思考,明白日常生活中的一些基本规矩。

我问:“黑猩猩总是调皮捣蛋,大肚猪总把面包拱来拱去,犀牛横冲直撞等等,这些行为会给别人带来什么感觉呢?”孩子们脱口而出:“这样的行为不好。”“很没有礼貌。”“让人讨厌。”

读到茶会开始,我又抛出问题:“现在大家都很安静,很优雅。你觉得怎么样?”

孩子们都给出肯定，毕竟到别人家做客，要尊重主人家的规矩。讲礼貌、懂礼仪才会受欢迎。学会守规矩，才不会成为让人头疼的“熊孩子”呀。

“假如你是这些小动物，你会有什么感觉？”

“如果我是小狮子，我觉得要一直保持安静，这太不好玩了！”

“我觉得对于其他的动物来说也太拘束了，那么多小伙伴，那么多好吃的，偏偏要忍住，多没劲儿啊！”

我继续问：“如果你是游客，你有什么感觉？”

孩子们纷纷皱起眉头：“太奇怪了，我觉得不像动物园。”“好无聊，不想看了。”“动物不动，那看什么呀？”

故事高潮在于后来动物们把茶会变成狂欢party，找回了原本该有的活泼、自由，放松地沉浸在欢乐中。相应改变的是游客的表情、姿势，一瞬间整个动物园都“活”了起来。我的问题没停：“你喜欢哪种茶会？”这时候孩子们也活跃起来，按捺不住：“我觉得这才是真正的动物园，大家都很开心，我喜欢这样热闹的茶会。”“我喜欢安安静静的小茶会。大派对太吵闹，到处臭气烘烘、乱七八糟，浪费了很多食物，还会污染环境。”

每个年龄段，每种身份都有相应该遵守的“规则”。让孩子懂规矩，养成良好习惯是教育的本意，但孩子要遵守的“规矩”不能披着成人标准的外衣。若打着爱的名义过度强制，只会让儿童天性中的快乐早早消散。阅读也一样，一千个读者眼中有一千个哈姆雷特，不管哪种理解和感受，都应该珍视孩子自己的视角。

初见成效

选择读《狮子爸爸的茶会》之前，没有想过这薄薄几页纸的绘本，能让孩子们碰撞出如此多的思维火花，其中还有许多意想不到的精彩发现。读完这本书,孩子们纷纷开始有了关注细节的意识,更加重视书中的插图,不再是匆匆一翻而过;如果遇到感兴趣的知识点,有了主动查阅资料、拓展积累的习惯;更重要的是懂得要遵守“规矩”,日常中会注意自己的言行举止。对于孩子而言,阅读的能力在提高,阅读的体验在丰富。

此外,亲子共读过这本书后,许多家长也开始反思自己对孩子的教育和要求,在“立规矩”和保留个性之间把握平衡。对外待人接物有分寸,对内自我发掘极限,才是给孩子最合适的自由。

或许,挑个天气晴好的下午,和孩子一起开场茶会,试着让孩子自己安排、准备,说不定会带给我们又一重惊喜。

经典中的经典

——《鼠小弟的小背心》陪读策略

书本简介

《鼠小弟的小背心》(南海出版公司,2004年6月第1版)是《可爱的鼠小弟》系列中的一本,日本著名绘本作家中江嘉男著文,上野纪子绘图,内容经典,深受孩子的欢迎,被大家赞誉为“不仅是日本绘本的巅峰之作,也是世界绘本经典中的经典”。在日本,鼠小弟是孩子们最喜欢和熟悉的童话偶像。其中《鼠小弟的小背心》自1974年出版以来,到2004年2月,已重印了153次,是一本经受了时间筛选的经典绘本。

力荐理由

《鼠小弟的小背心》构思巧妙,起、承、转、合结构严谨,运用重复的手法有节奏地展开故事,图文并茂默契,构图、色彩和版面设计讲究。画面以黑白为主,采用素描式的绘画风格,每一页的文字只有简单的一两句话,多采用反复、简单的对话。当然,《鼠小弟的小背心》获得孩子们喜爱的重要的原因是它有趣,非常有趣,真正有趣。

鼠小弟穿着妈妈织的小背心,被鸭子、猴子、海狮、狮子、马和大象轮番试穿,结果小背心被撑得一次比一次大,最后鼠小弟发现自己的小背心穿在大象身上,惊叫:“哎呀,我的小背心。”接下去的画面上,鼠小弟穿着像绳子一样长长的、拖在地上的背心,一副伤心、颓丧的样子,让人忍俊不禁。故事并没有结束,最后一页还有一幅小图,画面上鼠小弟正在大象的鼻子上荡秋千,而秋千正是被拉长的小背心。结果幽默、有趣、温馨,完全出乎读者的意料之外,给读者多方面的启示。

《可爱的鼠小弟》系列绘本共22册,它将最简单的文字和最细致的画面有机地结合在一起,让孩子阅读的时候,不受文字的限制,从画面和寥寥无几的文字中,读出其中的意思。画面看似简单,富含的哲理和意义却很深刻。它主要是用幽默有趣的故事来表达的,符合孩子的心理接受特点。幽默有趣是孩子成长中不可缺少的重要内容。

陪读策略

“小”是儿子认识的第一个字

记得儿子30个月的时候,有一天一家三口去逛超市。在路上,儿子突然指着路边广告牌上问我:“妈妈,这个是不是‘小’字?”我很惊喜,问他:“你怎么知道的?”“就是鼠小弟的‘小’呀。”“对哦!宝宝太棒了,都会认字了!”我不禁一阵窃喜,看来每天坚持给他阅读是有效果的。这是儿子认识的第一个字,值得纪念。

真正给儿子讲故事是在儿子6个月的时候,跟那些给宝宝胎教的妈妈比起来,我感到汗颜。记得儿子6个月时,已经可以与大人进行互动,能用肢体语言表达自己的意愿。于是,我开始给儿子讲故事。我给儿子讲的第一本故事是《鼠小弟的小背心》。面对6个月的孩子,讲故事以图为主,我一边翻书一边指着图跟儿子说:“宝宝,这是谁呀……

哦,这是鼠小弟啊! 鼠小弟身上穿着小背心,小背心是什么颜色的?"给6个月大的宝宝讲故事,基本都是"唱独角戏",他还不会说话,只能咿咿呀呀来表达他对故事的理解。每天睡前,我都会拿着故事书抱着他给他讲故事,每天坚持。

到了儿子会说话的时候,他会自己挑选书本让我读给他听。《鼠小弟的小背心》是他最喜欢的绘本之一,读了不下百遍,读的次数多了,他自然就会背了。有时他会拿起这本书,一边翻一边"读",与其说"读",还不如说"背"。的确,他只是看到这幅图时,条件反射地念出了那一句话。

儿子渐渐长大,我给他讲故事的时候,会有意识地用手指着书名读一读,再让他学着我的样子,用手指着书名读一读。这天,他又拿着这本书走过来:"妈妈,给我读这本书好吗?""好啊!"我爽快答应了。"这本书的名字叫鼠——小——弟——的——小——背——心。"我一边指着字一边念起来。他也一本正经地跟念起来:"鼠——小——弟——的——小——背——心。""你可以指着字给妈妈读一遍吗?"他马上学着我的样子,一边指一边念起来。我指着鼠小弟的"小"字对儿子说:"这个字就是'小'字,知道了吗?"紧接着,我又指着"小背心"的"小"问道:"这个是什么字? 知道吗?"儿子愣了一下,答不上来。"这两个字一样吗?"我指着前面一个"小"字问儿子。"哦,我知道了,这个也是'小'。""对啊,这个也是'小'字。"我对儿子竖起了大拇指。就这样,在愉快的阅读中,渗透识字,润物无声,让识字在阅读中进行。

所以,当30个月的儿子在大街上认出"小"字时,惊喜之余,更多的是思考在儿子处理汉字敏感期时,如何让儿子在阅读中认字,早日养成独立阅读的能力。

这是老"鼠"的尾巴和爪子

众所周知,孩子的想象能力非常丰富。如果识字时发挥想象,会达到事半功倍的效果。这天，儿子又开始读《鼠小弟的小背心》这本书，我看他读得这么津津有味，真不忍心打扰。待他读完，我从他手里拿过书来，指着“鼠”字问：“这个是什么字？”“鼠。”他斩钉截铁地回答。“是的，你答对啦！”“你怎么知道是鼠字？”我追问道。他马上指着封面的字挨个读一遍：“妈妈，你看，鼠——小——弟——的——小——背——心，第一个是‘鼠’字，没错呀。”我微笑着点点头：“宝宝，你见过老鼠吗？”“喏。”他指着图中的鼠小弟。“是啊，你看看，这个‘鼠’字和鼠小弟长得像不像？”他用手指一会儿指指图画，一会儿指指“鼠”字说：“这里是老鼠的尾巴。”他又指着最后一笔斜勾：“这里像老鼠的爪子。”

我激动得一把抱住儿子又亲又闻：“宝宝，你太棒啦！！”儿子得意地笑了。我想，不仅仅在这本书上，更在这样的语境中认识“鼠”字，这个字应该深深地刻在了儿子的脑海里了。

初见成效

儿子5岁以后，认识了一部分字，我经常会要求他朗读一些熟悉的故事书，以和妈妈睡一晚作为奖励。儿子很期待，毕竟5岁的孩子还是很想和妈妈睡的。于是，经常为了和妈妈睡，自告奋勇地给我读故事书，遇到不认识的字会问我或者自己猜测。儿子的识字量也越来越多，独立阅读的习惯在慢慢养成，我仿佛看到了胜利的曙光。

第三章
让亲子阅读在经典中徜徉

名师解读

经典阅读不可缺失

法国作家福楼拜说:“阅读是为了活着。”

诗人狄金森写道:

“没有一艘船,能像一本书

也没有一匹马,能像一页跳跃的诗行

把人带向远方。”

加拿大作家阿尔维托·曼古埃尔在他的名著《阅读史》中写道:“我们每个人都阅读自身及周遭的世界,俾以稍得了解自身与所处。我们阅读以求了解或是开窍。我们不得不阅读。阅读,几乎就如同呼吸一般,是我们的基本功能。”

当代著名哲学家、武汉大学资深教授陶德麟针对当前语文教育现状,呼吁:青少年趁小的时候,记忆力好的时候,多读一些经典名著。

……

当越来越多的人开始关注儿童阅读,我们渐渐地开始认识到,孩子们的童年阅读原本就是一件重要的事情。孩子的阅读能力,公认是学习能力的基础。在孩子的6～12岁阶段，是阅读能力发展的黄金时期，所以在这6年里，没有什么事情，会比海量阅读和提高阅读能力更为重要的了。育儿专家尹建莉曾说过："一个孩子，从阅读中获得的，不仅是心灵的滋养，也是心理上的力量。"

你读什么书，决定你拥有什么样的人生

既然童年阅读是人一生中的重要组成部分，那么，经典阅读更是人生中的重中之重。正如父母每天给孩子准备三餐，营养是首选。何为经典？套用库切《何谓经典》中说的话，那些"历经最糟糕的野蛮攻击而得以劫后余生的作品就是经典"。当然，撇开其演讲的特殊语境，那些历经后人最诚挚的颂扬而光景常新的作品都是经典。因此，经典作品，是人类文明的宝贵财富，是儿童阅读中的"营养品"。孩子们通过阅读经典掌握各种知识，尝试着了解这个世界的来龙去脉、各种秘密。更重要的是，他们也会在别人的故事里，发现和观察他们自己，完成对自我的认知。经典阅读能帮助孩子从小养成思考的习惯，培养良好的沟通能力和表达能力，学会与这个世界友好地相处。在经典阅读中，一个孩子也在寻找着前行的方向。面对宽广的未来，他们不停地探求自我的边界，不经意间读到的一本书、听到的一个故事，便可能让他们找到自己梦想的目标，让人生从此改变走向。

阅读经典，会让孩子的心灵更加丰富，更加柔软，更加坚韧，会让孩子渐渐变得强大起来。一个内心丰富的孩子，当他遭遇困难的时候，内心的支柱不会轻易折断，很少做出极端的行为。他们能更敏锐地感受到爱的存在，更懂得理解周围的人与世界对自己的善意，也更懂得如何去爱人、爱世界，以及容纳不完美的现实。一个热爱经典阅读的孩子，也会是一个更有能力感受和创造幸福的孩子。

你怎么读书，决定你拥有什么样的世界

在"浅阅读"充斥的周遭，除了日常生活类图书之外，成人读盗墓、穿越，孩子读图文、漫画，是越来越多。据图书零售市场的报告，虚构类书籍销售的前五名全为郭敬明与韩寒等所包揽，许多大学图书馆的名著出借率被排在百位之外。以图代书，做在线阅读，甚或以刷微博、微信代替阅读的也不在少数。雅斯贝尔斯曾感叹人们草草阅读，只知追求简短的、能快速获知又迅速遗忘的信息，而不是能引起反思的东西，今天的情形就是如此。这种“浅阅读”风气的存在，凸显了整个社会浮躁肤浅的荒败景象。

我们发现，身边已有人不再思考问题，只想着去哪里找现成的答案，全不知批判式思维的形成，更不会依赖人的“原始硬盘”——人经由经典阅读养成的智慧头脑，以及由其分析整理过的知识记忆。我们无意否认知识可以通过多种途径获取，而只是想提请注意，媒介的变化已然掩夺了阅读的本意，但大多数人对这种变化太不以为意了。尽管生活中，他们不认为开车可以完全代替走路，赏览风景，尤其僻远的美景，更是非走路不可，但一回到阅读，认知就发生了偏差，对读图、读网不能代替读书的认识，并不像自己以为的那么清楚。

不同类型的阅读到底会对人造成什么影响呢？先说说当下时尚的“轻松阅读”——读图与读网。音画构成的具象，多刺激感官，不触及心灵，耽溺日久，很容易使人产生惰性，形成按给定预设被动接受的知觉依赖，进而造成迟钝自闭，沟通不良，严重的连生存都会发生问题。至于网络，因常提供即刻性与碎片化的资讯，在使读网带上时尚化的“轻阅读”特性的同时，也会程度不同地损害阅读的品质，造成人智力的降级与思想的衰退。对此，尼古拉斯·卡尔（Nicholas Carr）的《浅薄：互联网如何毒化了我们的大脑》有很详尽的讨论。它指出因网络对人“神经线路”与“记忆程序”的重新编布，使人的阅读常流于字表滑行，而无法做深入的思考。由此，一味的读图和读网并没有补人的精神，相反，它在提供便捷的同时容忍偷懒，毋宁说是弱智的，甚至是有害的。而由文字构成的书籍，因符号抽象，常呈现为开放的结构，在引发人书对话过程中，能唤起人往复思考，是最锻炼人脑的活动。其中经典阅读，尤能使人在人书互动中形成紧张的思维对峙，助成理性对感知的超越，人性对历史的体贴。

那么，我们究竟该怎么阅读经典呢？我们需要的是——横读、纵读，联系读；通读、细读，深入读；真读、实读，用心读！

首先，必要的诵读。词学大家叶嘉莹女士说，中国文学，特别是古典诗、词、曲有一个吟诵传统。必要的诵读对于营造阅读氛围，进入经典内部非常重要。梁实秋先生回忆起小时候的读书生活时也说，老师朗诵时“咬牙切齿，声震屋瓦”或“轻描淡写，如行云流水”，而学生在细心聆听的同时，在理解文章的内容之前已经可以体会到文章的美妙。例如，“老师讲解之后，立即要我们朗诵，于是全班同学高唱，如鼎沸，如蛙鸣，如鸟喧，如蝉噪”。老师可以利用晨读、诵读课的机会指导学生大声而深情地诵读经典。不管是诗、词、曲，还是一些戏剧段落或小说的精彩片段，都可以拿来引导学生诵读，供他们在吟诵中体悟经典并揣摩经典内在的意蕴。

其次，反复的阅读。“反复是学习之母”。任何知识都需要在反复温习、实践中才能得以巩固，更何况已经流传百代、思想内容丰富而深刻的经典呢。很多学者名流、文学大家都十分注重“反复”这一法宝：学者曹聚仁将《儒林外史》读了100多遍，《红楼梦》读了70多遍，《水浒传》和《三国演义》也各读了20多遍；毛泽东说《红楼梦》不看5遍没有发言权；张恨水14岁之前就能够背诵“四书”、《古文观止》和《左传》等典籍；陈丹青如果不是倾听木心先生的讲授，反复研读鲁迅的著作，也不会有《退步集》及《荒废集》等大量文集的问世。林语堂说，每一次对经典的重读都是“灵魂的壮游”，经典是一片丰沃的土地，一片茂密的森林，每一次阅读，都让人有新的发现和收获。所以教师在引导学生阅读经典时要静得下心，沉得住气，坚持“第一遍熟悉，第二遍读懂，第三遍探究”的读书要领，只有真正读懂消化，得其精髓，才能提升自身素养，在写作时得心应手地运用这些素材。

再者，探究性阅读。学生阅读时间有限，面对浩如烟海的名著，很多学生只能“望洋兴叹”，心生畏惧。对于考试大纲罗列的名著，很多学生也抱怨没时间、没耐心读完。在这种情况下，家长、教师可指导学生进行探究性阅读，选定一个作家的作品进行阅读，或围绕一个主题选定相关的作品进行阅读。这就像打井一样，与其打十口不及泉的井还不如先选一口深入开掘，等到泉水喷涌、尝到甜头的时候，学生也许就悟出了阅读的方法，继而被激起了内心的阅读兴趣。如根据向学生发放的问卷调查显示，学生对四大名著最感兴趣的是《西游记》，其次是《水浒传》和《三国演义》，最后是《红楼梦》。从四本名著的阅读难易度上看，也基本上如上次序。根据大部分学生的阅读层次，从五年级开始，在班级里开展“共读名著之旅”是较好的选择。一个学期精读一本名著，五上《西游记》，五下《水浒传》，六上《三国演义》，六下《红楼梦》，四大名著两年内读完。每一本名著又根据章回数计划到每一周共读的回数，一般是每周读五至七回，这样的任务，让每个孩子跳一跳都能摘得到，即使是阅读能力中下的孩子也能轻松地完成。没有了压力，阅读自然变成了“悦读”。在阅读过程中，也要善于寻找孩子的兴趣点与探究点。比如《西游记》中的第四回“官封弼马心何足　名注齐天意未宁”，这一回直接为孙悟空大闹天宫的内容埋下伏笔。导读时通过“时空转换”“趣味辩论”“西游讲堂”等方式，紧扣孩子对书中关键人物的兴趣点，开启别样的阅读通道，引发孩子的阅读思考，最终走向深度阅读。例如在指导这一章节“时空转换”一课时，可设计如下环节：

(1)我是主人公：如果你就是这个充满着反叛意识，又有些单纯、耿直的孙悟空，你在当芝麻小官弼马温的时候会有什么感受？会做什么选择？理由是什么？

(2)我是旁观者：如果你是天兵天将中的一员，或者你就是玉皇大帝，最想发自肺腑地对孙悟空说些什么？

(3)我是小读者：从读者的角度来看，你认为后续的孙悟空大闹天宫是偶然还是必然？

机动性地开展辩论活动。

对孩子来说，经典的阅读是精神的奠基，基础的厚薄决定他以后人生的高度。如何有效阅读经典是一个较大的话题。随着教育部门对学生经典阅读的重视，经典的书香一定会弥漫所有的校园，浸染所有的家庭，更多的学子一定会在经典的滋养中茁壮成长。据悉，清华大学2015年寄发给新生的录取通知书中附有校长赠阅的路遥的经典作品——《平凡的世界》。我想，这也充分体现了这所名校对经典的尊崇以及对学子们阅读经典的开示——经典中有丰富的养分，明媚的阳光，向上的力量！

实战操作

不仅仅是阅读本身

——《城南旧事》陪读策略

书本简介

有一本书，当你轻轻地打开，心里会涌起一丝惆怅；有一本书，当你轻轻地合上，你心中便会感受到淡淡的温馨。这本书就是台湾女作家林海音的代表作——《城南旧事》（中国青年出版社，2012年12月第1版）。该作品通过小女孩英子对童年往事的回忆，讲述了一段关于童年的故事，反映了作者对童年的怀念和对北京城南的思念。该作品还于1983年被改编成同名电影，由吴贻弓执导。

力荐理由

这是本神奇的书，像一位绘画大师，描绘了老北京的风土人情。《城南旧事》中描写的老北京的空院子、老巷子、旧房子、小园子及处处流淌着的老北京人情味都是20世纪20年代北京的真实记录。该书以自然、流畅、朴实的语言向我们展示了一个全新的社会生活画卷，带领我们去感受那个时代的心跳，帮助孩子们审视我们这个民族的过去。书中厚重的历史感和扑面而来的人文气息值得孩子们一读再读。

这是本精致的书，像一曲旋律悠扬的乐曲，谱写出了童真的世界。《城南旧事》是曾经生活在北京的台湾女作家林海音的一本自传体小说集，小说中七岁到十三岁的小女孩英子的原型便是林海音自己。英子的年龄和读小学孩子的年龄相仿，很容易激发起他们的情感共鸣和价值认同，孩子们会在不知不觉中被英子和英子的故事吸引。该书由《惠安光》《我们去看海去》《兰姨娘》《驴打滚儿》《爸爸的花儿落了》五个看似相互独立，又前后关联的小故事连缀而成，贯穿其中的主人公正是作者的化身"小英子"。作者借用小英子的眼睛、心灵来观察、体会当时的社会，同时娓娓道来那些陈年旧事，非常天真、从容、淡雅，收放自如，使儿童和成人的两种话语既重叠又分开，极具高超的叙述艺术魅力，是经典中的经典。

这是部怀旧的电影，像一个不着粉黛的姑娘，唱出了淡淡的情思。在林海音的心里，童年的回忆不可磨灭，经历了长时间的反复沉淀，除净了火气，销蚀了激烈，剩下的只有哀愁淡淡和相思沉沉的情感。这种情感附于作者细腻的笔端，使小说无论是从情感的表达，还是景物的描绘，还是人物命运、故事情节的叙述，都带上了淡淡的散文诗般的风格特点。故事简单、清淡，但是充斥着朴素、含蓄、深沉、典雅的散文音韵。小说没有刻意雕琢、矫揉的痕迹，从淡雅中寓深沉，从寻常中见奇崛。读这样的文字，就是在进行美的熏陶。其质朴优美的表达风格也一定会对孩子产生不小的影响。

陪读策略

作者·电影·主题曲

阅读一本书籍，有时不仅仅是阅读书籍本身，还可以以书籍为中心开展多种与书籍相关的探究、趣味活动，这些活动不但可以为孩子更好地理解书籍内容、情感提供帮助，更可以增添阅读的情趣，将阅读延伸至语文范畴之外的艺术领域，让阅读更加充盈丰满。《城南旧事》满载的回忆感、人文感、历史感让其尤其适合在陪读中开展这样一些书籍以外的活动。

作者故事：想要真正读懂《城南旧事》中蕴含的情感，就必须对林海音其人其事有足够的了解，了解她在北京的那段生活以及那段生活带给她的意义，将作者这个原型与书中的主人公进行无缝对接。如果我们在陪读时只是照本宣科地向孩子讲解作者生平，一切都会显得没有温度，但如果我们自己先对作者进行充分的了解，然后将作者童年在北京的这段生活以讲故事的方式绘声绘色地讲给孩子听，那就能马上勾起他们对英子这个人物命运的关心，迫不及待地开始阅读也就成了一件自然而然的事了。

亲子观影：《城南旧事》藏着一代人的回忆，所以早在1982年它就被翻拍成了电影。在电影中，老北京的胡同、园子、风俗都被高度还原，故事中的人物设置也几乎忠于原著，对整本书的抒情风格和怀旧情绪体现得尤为突出，是一部艺术性很强的经典电影。孩子读完整本书后，我们不妨和孩子一起观影，并在阅读的基础上共同品评电影中的场景设置、人物塑造和情节设置，比较原著和电影的不同，以加深孩子对书籍阅读内容的印象及人文内涵的理解。观影轻松，品评有趣，书籍和电影艺术的融合，不但能在潜移默化中提升孩子的阅读品位，更是融洽亲子关系的润滑剂。

学唱电影主题曲:《送别》是电影《城南旧事》的主题曲,其抒情哀婉的曲风与《城南旧事》的故事基调十分吻合。看完电影后,我们不妨和孩子一起学唱这首主题曲,将自己读完故事后的种种感触融入歌曲,然后通过唱的方式予以抒发。若干年后,也许孩子已经记不清《城南旧事》中的具体描写,但他一定会记得这首歌,记得那淡淡哀愁的感觉。

批注·复述·辩论

陪伴高年段的孩子读书时,我们不用过多地干预孩子的阅读,但可以在阅读的基础上寻找共同的话题,寻求共同进步的空间,还可以围绕一个问题深入探讨。

我家中有两本《城南旧事》,一本是我读的,一本是女儿读的。我们在相同的时间读同一本书,并约定边读边做批注。批注的内容十分广泛,可以是优美词句的赏析,可以是对具体人物的看法,也可以是对作者写作风格的探究。每过几天,我们就会拿出自己读的书进行对比交流,比一比谁读得有质量,互相看看对方的批注,表扬对方批注得好的地方,发现自己阅读时忽略掉的地方。如此,我和女儿便成了实实在在的阅读伙伴,我以自己的阅读行动感染并带动她,不多说一言一语,效果却水到渠成。

每个周末,我和女儿都会去散步。散步途中,我会有意无意地说起《城南旧事》中的某个故事,在聊天中引导孩子复述故事的内容,以了解她读书的认真程度。有时,我会故意把故事中的某个细节搞错,以检测她阅读的细致程度。倘若女儿发现了,我会装作自己确实不知道的样子,增强她的阅读自豪感;倘若女儿没发现,我会引导女儿再去读读书,自己发现错误。每一次这样的聊天,都让我和女儿的精神世界靠得更近,因为我们吮吸着共同的精神营养;每一次这样的聊天,都让我和女儿重新走进英子的世界,对她多注入了更多的关注与情感。

《城南旧事》中的人物塑造丰满立体,有些人物身上还承载着两种相反的品质。对于这样的人物，我和女儿常常发起“他(她)是好人还是坏人”的辩论。在女儿眼中，也许是辩论的结果更重要，但在我眼中，辩论的过程更重要，因为在辩论的过程中，女儿势必要重温故事情节，作出自己的判断，并结合现实生活找到种种理由。这样的思辨训练带来的阅读思考能力的提升远甚于阅读本身。

腰封·对比·创作

高年段孩子相对于低年段孩子而言，阅读更注重的是品析、提炼、对比、积累、运用等思维能力的提升，所以女儿阅读完《城南旧事》后，我尤其注意阅读思考的延伸，并努力创造条件让女儿超越读的境界而进入创作的阶段。

我和女儿买的《城南旧事》不像其他书籍那样有一个介绍书籍内容的腰封，于是读完整本书后，我们决定自己给这本书制作一个腰封——画上最能体现此书内容的画面，写上几句最能体现此书魅力的话语。虽然只是一幅画、几句话，但我和女儿又把书拿出来浏览了一次，对几个故事进行了对比斟酌，最后女儿决定画上“新帘子胡同”，再把“英子、秀贞、妞儿”三个代表纯真的人物形象画在其中，并配上《美好早晨》中的一句话：生活就像一缕阳光，开始和结束都是一场奇妙的旅行！女儿做的腰封并不美观，但我大加赞赏，因为那就是这本书留在女儿脑海中的最深刻与深层的东西。

林海音和萧红同是女性作家，也都以自己的童年为题材写过书。《呼兰河传》之前女儿已经阅读过，读完《城南旧事》后，我引导她将两位作家的童年经历、叙事手法、语言风格进行对比，再辅以阅读对两位作家进行对比的文章，体会生活对于创作的重要性，并明白不同的语言风格对表达自身情绪的作用。这样就将女儿不同时期的阅读串在了一起，比较阅读的思维和方法也成功地渗透于其中。

阅读完一本书，就能将书中的语言风格、表现手法迁移运用至自己的文章中，这应该是读书最好的收获了。在读完《城南旧事》的一段时间里，女儿写作时，我就会将《城南旧事》中的精彩语句、取题方法、谋篇布局的方法作为范例提供给女儿，让她动笔时就想到能不能用《城南旧事》的方法来写她的作文。当然有时女儿只用了“冬阳·童年·骆驼队”这样的取题方法，有时只是模仿书中写“秀贞”外貌的句子描写了一个同学的外貌……不管怎样，这些运用到女儿的作文里后，就变成了她思维中不可缺少的一部分了。

读后感选摘

·我喜欢《城南旧事》中处处透出的京味儿，让人在觉得有趣的同时又充满新奇。

·整本书总是让人在回味中产生忧伤的感觉，在忧伤中又为英子的成长而感到兴奋和激动。

·我总是在曲折的情节中为主人公捏了一把汗，读完后心里又充满了五味杂陈的感觉。

·秀贞的悲惨人生，让人叹息：为什么老天那么不公平，总是让一个人承受困难？

·作者真像一位厨师，语言自然得如同大姐姐在你耳边讲故事，却能让你从中品出千百种滋味。

寻找写作的秘诀

——《亲爱的汉修先生》陪读策略

书本简介

《亲爱的汉修先生》(新蕾出版社,2009年6月第2版)是美国作家贝芙莉·克莱瑞的作品。贝芙莉从小热爱文学,在书籍的陪伴下长大。她的写作灵感大多来自生活的体验,这本书是她所有作品中现代感最强、写得最好的一本。该书荣获纽伯瑞儿童文学奖金奖,是一本胜过所有作文书的作品。在波特兰,建有一座贝芙莉·克莱瑞雕塑园,里面摆放着她作品中的人物雕像。贝芙莉的作品不仅被译成多种文学出版,而且被拍成电影,走向银幕。

书中主人公鲍雷伊在二年级时读了一本课外书,便喜欢上了作者汉修先生,开始写信和他联系。到了六年级,为了完成老师布置的作业,他跟汉修先生联系得更加密切了。在信中,鲍雷伊把自己家庭的真实情况、自己转学后的种种不适及内心的孤独都一一告知。通过汉修先生的鼓励,鲍雷伊不但学会了如何面对生活,理解了父母无法共处的原因，体会到了父母对他的关爱，而且还练就了一手好文笔。

力荐理由

《亲爱的汉修先生》这本书曾获得1984年纽伯瑞儿童文学奖金奖，是美国作家贝芙莉·克莱瑞的作品。这本书是她所有作品中现代感最强、写得最好的一本。在波特兰，建有一座贝芙莉·克莱瑞雕塑园，里面摆放着她作品中的人物雕像。贝芙莉的作品不仅被译成多种文学出版，而且被拍成电影，走向银幕。

书中人物鲍雷伊是一个单亲家庭的孩子，父母的离异给他留下了很大的心灵阴影，但是他并不是自暴自弃，敌视自己的父母，而是试图从父母的角度理解他们。鲍雷伊在班上没有几个朋友，而且还总有人欺负他(例如偷走他的午餐)，但他也从愤怒转为理解，他只是觉得，很庆幸不知道那个小偷是谁，因为他们还在同一所学校上学。老师给他们布置了一个作业——给自己喜欢的一位作家写信。鲍雷伊为了完成作业，很不情愿地给作家汉修写了一封信。鲍雷伊后来又写了一封信给汉修先生，请教提高写作技巧的方法。汉修先生在给鲍雷伊回信的同时，也向他提了好几个问题。从此一发不可收拾，鲍雷伊喜欢上了写信，不但向作家请教写作的方法，还向作家吐露自己的烦恼，汉修先生也回信鼓励鲍雷伊。慢慢地，鲍雷伊不但写作和阅读能力提高很快，而且一些烦恼的事情也没有了。虽然爸爸和妈妈最后没有和好，但鲍雷伊感觉自己长大了，能够独立面对很多事情了，而且还练就了一手好文笔——一篇描写他和爸爸坐卡车出游的文章使他获得了小作家征文的荣誉入围奖，同时也更加坚定了他要成为一名作家的决心。

这本书全部采用书信和日记的方式安排故事，别具一格，作家的叙事角度让整部作品张弛有度，缓缓前行，通过鲍雷伊给作家汉修先生写的信，将所有的人、事、物贯穿其间。这种创作手法能让学生悟得一些观察事物的方法、阅读方法、写作技巧。例如，鲍雷伊给汉修先生写的第一封信，只有一句话，还有错别字，到后来虽然写得长一些，但仍然是大白话居多，再到后来，鲍雷伊能进行很好的风景描写和场面描写，如对“蝴蝶树林”的描写，读来让人动容。

陪读策略

语文学习除课堂学习之外，课外自由而广泛的阅读也是十分重要的途径。对于小学语文老师来讲，课本必须好好教，但也不能死守课堂只读课本。课堂之外有万水千山，课本之外有万紫千红。游泳池里的练习固然必要，但同时也必须引导学生到江河湖海中去击水冲浪。三年级的孩子已进入作文学习的起步阶段，但大多数孩子不知道从何下手，从而产生畏惧感。我想如果平时能养成写日记的好习惯，作文水平肯定会大有提高。

导读中激发兴趣

《亲爱的汉修先生》这本书内容精彩，很适合中年级的学生阅读。书评中有这样一句话：与其让孩子买很多作文书，不如买一本《亲爱的汉修先生》。作家在书中给小读者展现了一个真实的世界，非常贴近孩子们的实际生活。如果能以此书为突破口，激发孩子们的阅读兴趣，喜欢上写日记，那该有多好呀！于是开学初我就给孩子们推荐了此书，并进行了导读。

师：同学们，你们有为写不出作文而苦恼过吗？想不想改变这种现状呢？我小的时候也曾有这样的困惑，但自从我读了一本书后，就喜欢上了写日记，喜欢上了写作，虽然没能成为一个作家，但如愿以偿地成为了一名语文老师。你们想不想知道老师读的是哪本书呢？

导语：《亲爱的汉修先生》就是老师当年读过的那本书。请同学们仔细地观察一下封面，你可以关注文字和图画，然后大胆地猜猜看，这本书大概会写什么内容?

小结:同学们根据自己的观察和思考都有了自己的猜测,但只有你们去阅读后才会得到印证。猜测是需要依据和线索的,你书读得多了,阅读经验丰富了,你的猜测也会越来越准。只要我们用心地读完这本书,相信大家会收获感动,还能收获读书、作文的方法。

导语:汉修先生是一位作家,书中的主人公鲍雷伊是他的小书迷,他是一个父母离婚的小学生。他的妈妈在一家餐饮服务中心打工,爸爸是开大卡车的,学校的校工法兰德先生对他很照顾。他们家还有一只小狗叫"土匪",至于这只小狗的名字为何叫"土匪",你可以自己到书中去寻找答案。这些人物之间的故事,小说竟然是这样安排的——

出示目录:

目　录

师:仔细观察目录,看出这本书和别的书的不同之处了吗?(生讨论。)

生:整本书都是鲍雷伊的日记和信。

师:这部小说由34篇日记和26封信组成。也许你会想:写几篇日记、几封信就能获国际大奖?或许写书真的没那么难吧!不过,《纽约时报》却这样评价这部作品——

极佳的故事，非常深刻；很有立体感，技巧出色。确实是一部佳作。

由此可见，这本书的价值并不简单。在你读完这部作品后，你也可以试着用一两句简短的话来写一则书评，而且我相信你们写得绝对精彩。整本书以鲍雷伊的日记和书信的方式安排故事，相信孩子们会在鲍雷伊的书信里、日记里看到一个真实的世界，这个世界里充满爱，也充满了痛，但更多的是带给我们的收获。

署名中关注细节

这本书孩子们几天就看完了，我利用午休时间和他们一同走进这部作品。作品中有26封书信，这些书信分布在不同的章节里，我把这些书信的署名一一罗列出来，感觉挺有意思的。

第一封信：您的朋友鲍雷伊（男孩）敬上

第二封信：您的朋友鲍雷伊敬上

第三封信：您最棒的读者鲍雷伊敬上

第四封信：您最喜欢的读者鲍雷伊敬上

第五封信：学生鲍雷伊敬上

第六封信：您的头号书迷鲍雷伊敬上

第七封信：学生鲍雷伊敬上

第八封信：学生鲍雷伊敬上

这是其中的前八封，孩子们看出点什么来了？（生讨论。）

——这个男孩很有礼貌。

——男孩很喜欢这位作家，是作家的忠实粉丝。

——有点小自恋。

概括地说，就是这位小读者十分“崇拜”这位作家。咱们接着往下看——

出示：

第九封信:讨厌您的鲍雷伊

第十封信:鲍雷伊

第十一封信:筋疲力尽的读者鲍雷伊

第十二封信:您以前的朋友鲍雷伊

第十三封信:还在生气的鲍雷伊

第十四封信:筋疲力尽的读者鲍雷伊

第十五封信:鲍雷伊

第十六封信:受够您的鲍雷伊

现在,你觉得还是崇拜吗?(生讨论。)

——容易生气的孩子。

——特别真实,敢于说真话。

——很有个性,爱闹点脾气。

你用这样的语气给老师写过信吗?(没有。)为啥?所以这孩子还是挺真实的,是吧?我想老师不会讨厌说真话、写真事的孩子,所以下次你们可以尝试一下写写真实的自己。

小结:同学们,你们看,署名对于一封信而言,是一处细节,但在这部作品中,正因为这个细节特殊,所以我们加以关注,无意中竟然梳理出了主人公在写信时的一条情感线。所以对于特殊的细节,我们要关注。

品读中学会整合

导语:鲍雷伊在他的第一篇日记中,这样写道——

鲍雷伊的日记

私人记录——不准偷看(说你呢!!!)

我刚开始写的时候,不知道该怎么起头。我觉得我好像应该写"亲爱的笔记本",可是那样听起来有点蠢。"亲爱的一页纸"好像更笨。第一页现在就像我的大脑一样，一片空白……

第一篇日记他不知道写什么内容，但后来他还是学会了写日记，他的日记中常记录什么事呢？一同来看——

如果我在上学途中就把午餐吃掉，到了下午就会很饿。所以今天早上，我没有那么做，结果午餐的时候，我发现妈妈帮我装进袋子里的两个炸香菇丸不见了。我的三明治还在，所以我没有饿晕，可是我真的很想吃那两个炸香菇丸。

整个上午我都在注意，谁离开过座位到教室后面大家放午餐的地方去过，谁在下课休息时最后一个离开教室。我还没有逮到任何人，而马汀娜小姐总是叫我把头转过来看前面。反正，教室的门常常开着。如果我们都面朝前面，而马汀娜小姐又正在写板书的话，谁都可以溜进来。

十二月二十二日　星期五

导语：鲍雷伊经常遇到什么麻烦？（他的午餐经常被偷。）

假如是你的话，你会怎么办？（生讨论。）来看看，咱们的小主人公想了哪些法子？

今天我在午餐袋上写了假名字，就是人们常说的“笔名”吧……我想我真的骗过了小偷，因为凯蒂阿姨特别为我做的马蹄鸡肝培根卷没有被偷走。它们就算凉了也好吃极了。希望那个小偷看到我在吃，而且口水流得满地都是。

一月三日　星期三

然而，仅仅六天之后，出示——

今天吃午餐的时候，我发现奶酪蛋糕不见了，气死我了。我想有人知道了写有“乔凯利”的午餐袋其实就是我的。

一月九日　星期二

所以第二天，他又想到了一个法子——

我今天用了太多胶带缠住我的午餐袋，结果费了好大的力气才把午餐拿出来。大家都在笑我。

一月十日　星期三

看来缠胶带并不是个明智的选择,所以——

我写到一半的时候,突然想到一个绝妙的主意:假如我把午餐放在大人用的那种黑色午餐盒里,加上几个电池,说不定真的可以做出一个防盗警报器。

二月八日　星期四

小结:同学们,其实这些片段都散落在小说的各个角落,我只是把它们进行了整合。整合后“午餐事件”的来龙去脉就很清楚了。你们在阅读的过程中,对同一个事件的信息也可以进行整合,这是一个重要的阅读策略。

家有“小红帽”

——《小红帽》陪读策略

书本简介

《小红帽》(新疆文化出版社,2017年3月第1版)是德国语言学家雅可布·格林和威廉·格林兄弟收集、整理、加工完成的德国民间文学——《格林童话》中的一篇。“小红帽”的故事版本多达一百多个。小红帽最早的结局是被邪恶的大灰狼吞噬;后来,在格林兄弟笔下,勇敢的猎人杀死大灰狼,救出了小红帽;在新出的版本中,又成了小红帽用剪刀剪破大灰狼的肚皮,自己拯救了自己。

力荐理由

我对《小红帽》这个故事是有执念的,当我还是孩童时,唯一一点与书籍有关的记忆便是关于《小红帽》,羡慕小红帽有一顶鲜亮红艳的帽子,痛恨残忍粗野的大灰狼,为外祖母的遭遇深深捏一把汗……可惜没有完整地听过这个故事,所以记忆中好似缺了一个角,皱皱巴巴的,捋不平整。书中讲述了一个天真可爱的小姑娘小红帽十分单纯善良，却被大灰狼欺骗，外祖母因此被大灰狼吞进了肚子，连小红帽也差点与外祖母一起送命，最后在猎人的帮助下除掉了恶狼，给了恶狼一个教训。当她第二次再遇到大灰狼的时候，她便醒悟过来，既不懦弱，也不胆怯，不仅不再上当，还平平安安地来到了外祖母家。书中记录下了一场善良与邪恶的较量，教人学会真、善、美，滋养着我幼小的心灵。故事最后启迪读者要谨记教训，吃一堑长一智，要一天比一天更加聪明，能够明辨是非，学会自我保护，建立健全的认知观念。

《小红帽》实在可以说是经典中的经典，从口耳相传到成册成籍，不知经受了多少岁月的洗礼。洗尽铅华后，其鲜明的人物特点，简单而深奥的故事内涵，源于生活而高于生活的智慧，更在方寸之间，了然于心，是一个值得反复阅读的故事。

对家有小女的爸妈们来说，这本书非常值得和孩子一同阅读。每一个孩子都是可爱、天真、善良的，恰如书中的小红帽，但也因为这份纯真，可能让孩子的身边出现许许多多的安全隐患和不良因素。读《小红帽》，可以让孩子学会明辨是非，不轻易相信巧舌如簧的人，对坏人坏事提高警惕，在学会甄别的同时建立起一道自我保护的屏障。

这本书中有多组对话，人物性格通过提示语得到了流畅的表达和塑造，在阅读过程中对阅读材料进行再创造的空间非常大。针对三岁前的儿童而言，阅读时可以大胆地预测、想象、表演和表达，对发展孩子的想象力、语言能力都有很大的好处。

陪读策略

当我选择开始和孩子一起阅读《小红帽》的时候，小顽童的阅读状态已经渐入佳境——会选择自己想要阅读的书，在亲子阅读的过程中有较高的参与度，在阅读过后经常会不经意间提起书中的人物或情节……

这种种变化让我大胆、放心地走上了亲子阅读之路，并且和孩子一样十分投入和享受阅读，享受领略文字美，享受触摸纸质书的每分每秒。

陪读，给足配角面子

每每开始阅读一本新的书，我并不急于求成。在有意向选择任何一本读本之前，我会潜移默化地给孩子一些引导，让孩子在选择之初，对文本就有一份亲近感，以避免孩子的随意选择和选择恐惧症。在此，我将和这本书有关的一切设计都称之为“配角”。在主角登场之前，父母陪读要做足的功课就是，给足配角面子。哪怕主角姗姗来迟，孩子也对其并不陌生，反而能在长久的期待中形成持续的阅读期待。

在选择《小红帽》作为亲子读本之前，我搜罗了小顽童从小到大的所有帽子，有贝雷帽、毛线帽、遮阳帽、草帽，每个不同季节和场合的帽子背后都藏着孩子的成长故事和长辈的关切。说给孩子听的同时，孩子能在一个个细碎的故事中建立起这样一种只可意会不可言传的认知：帽子不仅仅只是一顶帽子而已，它还代表着家人的爱和关怀。

随后我又和孩子一起玩“取名字”游戏，给每个帽子取一个恰当的名字，或根据其特点，或根据其材质，或根据其色调。孩子真正成了帽子的主人，帽子也被赋予了新的意义和生命力。在孩子保持着好奇心和期待感的同时，我假装求助：“我都没读过跟帽子有关的故事呢！”水到渠成地和孩子一起寻找故事读本，《小红帽》自然可以顺理成章地获得小顽童的青睐。知道自己想要什么，并且通过自己的努力获取想要的读本，对孩子来说也是一种精神品质和社交能力的提升。建立在原有的认知上，对于“小红帽”这个称呼的由来、“小红帽”能让小姑娘显得更好看这些故事情节的理解也就水到渠成了。

为读本增肥

曾有人说，阅读纸质书籍比看电视、看电影都要过瘾许多。我们可以想象人物的模样，为故事增添布景，在环境中添加色彩，心有多大，阅读时任其发挥的余地就有多大。在阅读《小红帽》一书时，我常常和孩子一起在这方面为读本“增肥”。“外婆生病了”——外婆生什么病了，哪里不舒服，我们该怎么办呀？“去看外婆”——给外婆带些什么东西才好，该装在哪里呢，背不动该怎么办？“外婆家在很远的森林里”——森林里都有什么，小红帽是怎样穿过森林的呢，她一个人会害怕吗？为读本增肥，也是对读本进行再创造的过程，在增加阅读内涵的同时，也将孩子的日常生活和文学作品相联系。久而久之，也许孩子能够发现，生活中简单的小事也值得一写，也可以是文学作品的一部分。在这种理念的熏陶之下，孩子会更加乐于观察生活，在生活中积累素材，甚至说不定哪一天便提笔创作了呢。

比如读到“外婆生病了”时，我随口问道：“外婆怎么了呀？”

有时她会告诉我：“外婆背痛啦，我给外婆揉一揉。”有时她会说：“外婆咳嗽啦，拿点药药给外婆吃吃。”有时她还一本正经地说：“外婆不听话，跑太快摔跤啦。我把外婆扶起来吧！”孩子将自己生活中的种种变化和经历赋予到外婆身上。书中的人物并不遥远，似乎就在我们的身边，似乎就是我们家里的外婆，这对于孩子走进文本，与文本人物共情有着极大的好处。孩子生活中的喜怒哀乐，也在此时得到了很好的宣泄和表达。想象与表达，成为了增肥的好途径，也让阅读的过程变得更加轻松而愉快。

陪读，可以懒一点

我不太提倡说教式的陪读，家长用自主的阅读感受无情地替代了孩子的思考，也堵住了孩子的深度阅读之路。陪读，我们可以先勤后懒。反复读完一本书后，可以装不懂，装不会，当一个十足的懒汉，此时需要拿出毕生所有的演技，虚心地向孩子求教。孩子转换角色，成了父母的引导者，无形中掌握了阅读思考的主动权。

小顽童对于小红帽第一次被大灰狼吞进肚子里的情节记忆犹新，

几次读到这儿都皱紧了眉头不敢往下读。我故意问她:“小红帽怎么就被大灰狼吞进肚子里去了呢,到底怎么回事? 妈妈怎么都想不明白诶。”

“大灰狼会骗人,大灰狼骗骗。”三岁的孩子撅着嘴巴表示抗议。千万别低估了孩子的学习力,我们以为孩子只是在听,在看,其实孩子也在学习,在思考,甚至在我们不曾发觉的时候孩子早已洞悉了一切。

“哦! 大灰狼故意假装很有礼貌,原来是骗人的呀!”我假装恍然大悟,肯定孩子的思考和感受。用夸张的表演替代言语的肯定,这便是能够直观感受到直达心灵的阅读成就感。

“后来小红帽又遇到大灰狼有没有被大灰狼吃掉啊? 你知道为什么吗?”我是不依不饶的好学者,拉着孩子问个不停。

“小红帽听妈妈的话……”我“扑哧”一声笑了,我发誓我并没有要建立起自主权威的任何私心。也许是孩子的表达还不太清楚和流畅,但言之无差。在面对陌生人的时候,谨记家长的教导,提高防范意识,实在不知道该怎么办的时候,想想父母平时是怎么对你说的,我想她在懵懵懂懂中是有些感知的。

“现在我是大灰狼哦。我来敲门咯,我是妈妈,快开门呀,快开门呀……”为了结束略显沉重的话题,我开始玩起了角色扮演游戏,其实也是一次实战演练。几次扮演游戏之后,我的小顽童竟然直接唱起:“小兔子乖乖,把门开开,不开不开我不开,妈妈没回来……”以此来打发我,真是又好气又好笑。佛系阅读,营造了和谐的阅读氛围,创建了有深度又有宽度的阅读空间。

初见成效

自《小红帽》开始,对于我家这位学龄前的小顽童,我所选择的读本不再局限于绘本,而有了更多的余地。我不用担心过多的文字是否会造成孩子的阅读负担,我也不再考虑这样的读本是不是真的能在孩子的心中留存下有价值的印记。对我来说，在文本选择上的壁垒被打破，种种顾虑也逐渐消散。

从孩子的角度来看，在阅读时不“挑食”，也不会“消化不良”，她对阅读的认知变得更加全面，甚至可以无所畏惧地往前再跨出一大步，这对于拓宽孩子的阅读面、提高阅读的理解能力和思考深度都有着莫大的益处。

初生牛犊不怕虎，生活中孩子比我们想象中的更勇敢，阅读时，也许孩子也拥有着我们所忽略的勇气和力量。孩子拥有隐形的翅膀，我们拥有爱的力量，那么陪读，何所惧？

陪出精彩无限

——《窗边的小豆豆》陪读策略

书本简介

黑柳彻子成就了著名小说《窗边的小豆豆》(南海出版公司,2011年1月第2版),《窗边的小豆豆》也成就了黑柳彻子。这本书一出版就一炮而红,很大程度上是因为其讲述的就是发生在作者身上的真实故事。在世俗的眼光里,7岁的小豆豆同学不符合好学生的标准,紧接着她遭遇退学。可是到了巴学园,她见到了最和蔼的校长。第一次见小豆豆,校长就微微笑着听小豆豆不停地说了四个小时的话,没有一丝不耐烦,没有一丝厌倦。老师们都很善解人意,每一天的第一节课,老师就把当天要上的课和每一节课的学习重点都写在黑板上,于是小朋友就可以从自己喜欢的那门课开始一天的学习。慢慢地,老师就会知道每一个学生的兴趣所在。孩子们喜欢这种学习方式,感到很快乐。在这里,小豆豆不是一个怪孩子,她和大家相处得很好,还收获了珍贵的友谊。可以说,巴学园的时光,成就了小豆豆的一生。

力荐理由

第一次接触这本书，是在成为一名老师后，班里一个孩子推荐给我读的，没想到读完之后深感相见恨晚，阅读时似乎在观看一部美好的动画片。这本书由一篇篇的小故事组成，每一篇故事就像一个镜头，非常有画面感。想想看，那种电车一样的教室，以及自由自在的校园生活似乎不是来自现实生活的，不过这也是它最触动人心的地方。这本书正是作者黑柳彻子对自己一段上学时光的真实记录。

就因为作者创作的真实性，使得这本书获得了无数“殊荣”。就像我们在电影院看一部电影一样，电影结束时，屏幕上出现“根据真实事件改编”，这时电影似乎更加生动感人了。这本书也带给我类似的感受。黑柳彻子所记录的这段时光，据她所说，改变了她的一生。书中“后记”部分，十分用心地记录下那些巴学园里的伙伴们现在的情况。大概作者也想告诉我们，巴学园的上学经历，不仅改变了自己的一生，也成就了他们当中的每一个人。

巴学园实在是一座能够吸引全世界小朋友的学校，能够在那里上学的孩子该有多么幸福！教室不是楼房，而是一辆辆电车，座位可以自己选，就连上课都是那么特别，想散步就去散步，在礼堂里“露营”……这样的校园环境，在今天的大部分学校中都不存在，而在第二次世界大战期间，作者在那里幸福地度过了小学时光。

读了这本书，才知道有这样一位小林先生，他深深地爱着孩子，他是用那样特别的方式来教育孩子的，他是要把每个孩子都培养成富有个性的人。作者的母亲，直到她成年之后才告诉她当初被退学那段经历的具体过程。这样的教育理念，相信今天为人师表、为人父母的我们，面对孩子，也缺乏如此的耐心。

陪读策略

在陪读之前，先进行充分的“诱惑”，引起孩子对阅读的向往，想要达到有效果的阅读状态，就水到渠成了。孩子对阅读有了兴趣，对语言表达能力的提高也有所帮助，我们才可以和孩子对文本进行更深的沟通和交流。

“陪”出阅读环境

很多父母在督促孩子阅读的时候，“小孩看小孩的书，大人看大人的书”的思想观念过于厚重，大人眼里的好书多是“经典名著”，少有儿童文学的身影。其实父母们平时不妨翻翻孩子的童书，看看他们看的书里讲的是什么内容。为什么这么说呢？林海音曾在《波特童话的实景》中说过：“一本好的儿童读物，是适合八岁到八十岁的人看的。”有一次年级推荐必读书目《城南旧事》，一位家长看了之后，发朋友圈感叹“差点错过了一本好书”，不少家长留言表示赞同。在陪读的路上，我们父母也应把自己看成一名小读者，很多时候还可以适当地放下父母的角色，向孩子“请教”一下。

家有一小学生，年十岁，对阅读颇有兴趣。周末他作业完成后，时常感叹无聊，要求我陪他玩。鉴于他对我个人的话比较信服，我常提议：“不如你拿本书过来，我们就躺下来看书。”这样的阅读其实是用来消遣时光的，我会偶尔打破安静的氛围，感叹道：“感觉我们俩这样看书特别美好，要来点轻音乐吗？”在这样的环境中，其实孩子已体验到了阅读的美好。接着我们在音乐的熏陶中，点评书中的角色，或向彼此推荐自己看的书。

看了一本好书，是很想分享的。这正如我们看了一场精彩的电影，迫不及待地想跟好朋友讨论剧情一样。如果孩子不愿将他看的书分享给你听，是不是他已经把你从可以分享的名单中删去了呢？或是你曾经拒绝过他？我家小朋友那天在整理书柜时，发现了一本一年级时买来的一本书，当即席地而坐，在杂乱的书堆里一口气看完了。他跑到客厅，将那本书扔给我，带着得意和满足跟我说："推荐给你一本书，非常非常好看。"我接过来，看了封面，肯定一番："看起来挺不错的，讲的是什么内容？"他为了让我认同他的说法，让我也觉得这本书好看，开始极力向我推荐，故事讲得应该比书中还要精彩几分吧！紧接着他还加了一句："以前买来的时候看不太懂，现在感觉吧，写得很有意义，隐约反映出一定的人性。"我重新拿起那本书，告诉他："听你说得好像很不错的样子，我一定认真看完。"在向我推荐好书的过程中，他其实就在对书的内容进行回顾。

"陪"出灿烂童年

《窗边的小豆豆》封面上有一句话："每个人都能在这本书里找到自己阳光灿烂的童年。"我们在读这本书时，完全被书中描述的那种富有个性的学习环境所吸引，深深羡慕着小豆豆同学。大家都知道，多少年以来，我们身边的义务教育都是在学校里按照课程表上课，接着考试，以分数衡量能力。如果文中的小豆豆就出现在当今的学校，那她在班里会受到同学们的欢迎吗？老师该怎么教育她呢？小豆豆很幸运，她有一个小心呵护她的妈妈，后来遇到了巴学园的校长小林先生。在那里，她遇到了许多"特殊"的同学，他们都不是今天我们所说的"学霸"，但校长小林先生发现了他们身上优秀的特质，为他们的人生打开了一扇窗。

小朋友在阅读时可能会联系自己的实际生活，在书中发现类似于自己的人物角色。我自己阅读的时候，就有许多感同身受的地方，把许多印象深刻的事讲给家里的小朋友听。他说："你们那个时候教育虽然没有现在先进，但有一种单纯的快乐。"我告诉他："每个时代的小朋友都有属于他们的童年回忆。你们现在有这么多的名师资源，学习上也有很多乐趣，将来你回想起来，一样觉得很有意思。”这样做是在引导孩子关注自己的童年，多寻找童年中美好的事情。

我们都很喜欢《露营》这一篇，那真的挺有趣，我们家里还从来没有这样“露营”的经历呢！正好天气不错，我们决定第二天把帐篷带到西区大草原来一次露营。为此，我们开始做露营准备，尤其是带了几本好书和一些美食，当然那次的大草原露营经历也很是惬意。这算是一次阅读带来的美好回忆。

“陪”出记录习惯

我们都知道，在阅读时，不能为阅读而阅读，要停下来思考，这对小学生来说，是需要培养的。身边有太多的小学生，也很喜爱阅读，只是常常读过一本书，就放在一边了，没有记录和思考的习惯。在读这本书时，我抓住时机引导：作者能把小时候的事情回忆并记录下来，这是最具有真情实感的素材，读者在阅读时就特别容易产生共鸣，觉得有趣。如果我们从小就能把生活中有趣的经历记录下来，比如写日记、写随笔等等，都是不错的方式，或者记录下你的奇思妙想，将来回头看，一定别有滋味。

阅读留痕，还有很多方法。我从有些家长那里了解到，他们要求孩子在看书时，手里一定要拿支笔，把好词好句画下来，认为这样可以养成良好的阅读习惯。不过生活中，据我观察，即使是成年人，也很少在阅读时随时拿着笔去画出所谓好词好句。因为我们在阅读时，如果正在被某一部分吸引，看得入迷，这时停下来做笔记，可能思绪就会被打断。我认为，我们不管做什么事，注意力只能专注于一件事，在阅读结束之后，再进行记录是最好的。如果没有去记录当时的想法，往往过了些时间就会被淹没了！

我们用很漂亮的笔记本，专门用来做记录。一个用来做每天的随笔日记，写得或短或长，没有限制。当我们回头看这些日记时，常常会乐得合不拢嘴。一个用来做阅读记录，对最近读的书，或用思维导图简单绘制一下内容，或用简单的线条理出人物关系，或三言两语写下自己的想法。

初见成效

我将这样的做法用在教学上，通过一次两次的引导，孩子们基本上会体验到从一本书里可以挖掘出很多东西。接下来更重要的是保持他们的兴趣。上阅读课的时候，孩子们会主动拿出阅读笔记翻看。

从不去干涉或强迫孩子们一定要阅读经典名著，教室里书架上的书，一般都孩子们根据自己的兴趣而自由选择放入的。平时多给孩子讲故事的机会，借此机会让他们巩固书中的内容。有一次读了一本郑渊洁的儿童故事，一个小朋友竟然可以用自己的语言将整个故事复述给我听，真是很惊讶。更惊喜的是，语文学科上的阅读没怎么花心思练习，孩子们每次都做得不错，显示出一定的理解能力。

家庭中的陪读，是奠定孩子学习基础的捷径。如能着眼于“陪”，孩子也乐于读、乐于说、乐于写呢！

在阅读中成长

——《明天会有好运气》陪读策略

书本简介

《明天会有好运气》(晨光出版社,2015年5月第1版)是美国儿童文学作家、纽伯瑞儿童文学奖金奖得主辛西娅·角畑励志的暖心之作,由禹田文化推出。该书曾获得美国国家图书奖金奖、常青藤国际大奖。荣获美国国家图书奖金奖这一奖项的文学作品具有极高的文学性,对青少年的成长有着积极的启发意义。这本小说主要是讲一个叫萨默的12岁女孩战胜恐惧,懂得担当与责任的成长历程。有勇气的女孩向我们证明,一切都在于自己勇于承担的内心,相信明天会有好运气。

力荐理由

积淀勇敢面对世界的力量

《明天会有好运气》写的是关于孩子在成长的过程中遇到的各种困难、各种挫折以及如何面对并克服的这样一本书。

对于孩子来说，这是一本自我认知、探索生活及生命意义的珍贵读物。作者辛西娅·角畑，是日裔美国人，美国著名儿童文学作家。为了撰写《明天会有好运气》，辛西娅拜访了代收公司、儿童心理学家、研究蚊子的昆虫学博士、联合收割机驾驶员，还真的驾驶了一辆三万磅重的联合收割机！主人公是12岁的小女孩萨默。萨默一家自外公外婆从日本移民到美国，就遭遇了接二连三的“坏运气”。先是在收割季之前，爸爸妈妈接到日本的电话，三个年迈的亲戚行将就木，必须飞回日本照顾他们，无法正常工作；而在美国，为了维持生计，外公外婆已年迈，身体一个比一个虚弱，还要重新工作；他的弟弟因为先天性成长障碍，性格孤僻，在学校交不到一个朋友；萨默自己则是刚刚从一场由蚊子引起的致命疟疾中死里逃生。这年暑假，注定不是一个轻松的暑假。她和外公外婆跟着联合收割机队一路往北，开始了他们收割麦田的旅程。在旅途中，一次又一次的“坏运气”接连不断。生活的压力让萨默开始思索生命和责任，她帮助生病的外婆给收割队做饭，慢慢理解脾气怪异的弟弟……故事的最后，她偷偷溜出门，在夏季的星空下，一个人开着收割机帮助外公完成了收割麦子的任务。从那天开始，她感到了某种变化。她默默为家人去做事情，即使被生活压得喘不过气，也坚信明天会有好运气。萨默内心的思考和挣扎终于在压力之下变成了强大的力量。谁都不能轻易躲开迎面飞来的坏运气，谁都不能拒绝前方困难的出现，但是这些经历最终都会积淀。积淀多一点，面对明天的勇气和从容就会多一点。压力不会不停地向你飞来，同样象征希望的好运气也不会避开你。怀揣着对未来的信心与憧憬，就能练就勇于承担的内心，相信明天一定会有好运气！

对于家长来说，这是一本帮助家长了解孩子心理成长、走近孩子内心及改善亲子关系的珍贵读物。孩子的世界是美好的、轻松的、快乐的，但在现实成长的道路上，往往会面对各种各样的挫折和困难，甚至灾难所带来的坏运气。当这些坏运气来临的时候,像小说《明天会有好运气》中萨默这般年纪的孩子,会经历怎样的心理成长?这个时候如何读懂孩子,又该怎样抚平孩子内心的不安与恐惧?这部小说是禹田文化《长青藤国际大奖小说书系》重点推出的又一新作,曾荣获美国国家图书奖金奖、美国亚马逊9~12岁最佳图书、新墨西哥魅力童书奖等16个国际奖项,引领着全美乃至全世界少年儿童的阅读风潮。国外权威报刊已发表多篇书评对这部作品给予肯定,常以"自我认知""成长勇气""家庭纽带""幽默温馨"等字眼来评价这部作品。可见,这部小说对青少年的成长有着积极的启发意义。

《明天会有好运气》这本书会带给你和孩子一股强大的力量,打开它,相信你会收获到更多的人生感悟。

陪读策略

除了学校老师推荐给孩子阅读的书籍,其他的我总是要认真读过才敢推荐给女儿,毕竟现在市场上的书籍良莠不齐。《明天会有好运气》就是一本我读了之后迫不及待想叫女儿读的书。这是献给12岁孩子成长的必读书,女儿诺诺恰巧也是12岁,我郑重推荐并要求和她再次共读。我想让诺诺了解一个12岁美国女孩的与众不同的暑假,希望诺诺能怀抱对未来的信心与憧憬,练就勇于承担的内心。

聊聊作者

在翻开书本之前,我先和诺诺聊聊国内我们最喜欢的作家,我们都很喜欢曹文轩。我告诉诺诺,《明天会有好运气》的作者并不逊色于曹文轩,诺诺立马来了兴趣。我适时向诺诺介绍起来,作者辛西娅·角畑是日裔美国人,生于芝加哥,在南加州大学获得新闻学学士学位,美国著名儿童文学作家。她1986年开始在《纽约客》发表文章,之后又出版了《漂浮的世界》等三部引起轰动的成人小说。为了撰写《明天会有好运气》,辛西娅拜访了代收公司、儿童心理学家、研究蚊子的昆虫学博士、联合收割机驾驶员,还真的驾驶了一辆三万磅重的联合收割机!诺诺听罢,对辛西娅·角畑的崇拜溢于言表,特别是对辛西娅·角畑为了写好一本书而真的去驾驶联合收割机感到钦佩。

谈谈奖项

介绍完作者并勾起了诺诺的阅读期待之后,我又告诉诺诺,除了诺贝尔文学奖是了不起的大奖之外,在美国还有一个奖项被美国人民所认可。诺诺马上追问:"是什么奖呢?像我们的冰心儿童文学奖那么厉害吗?"我又适时介绍起美国国家图书奖,这是由美国出版商协会、美国书商协会和图书制造商协会于1950年3月16日联合设立的,只颁给美国公民。美国国家图书奖与普利策小说奖被视为美国最重要的两个文学奖项,它是美国文学界最重要的奖项,也是出版界的盛典。《明天会有好运气》荣获美国国家图书奖金奖,所以更是值得一读!

说说感受

介绍了作者,又了解了美国国家图书奖,诺诺的阅读欲望已不可抑制。她每天只要一空下来就捧起《明天会有好运气》,边读边发出一些零碎的感慨。我和诺诺说:"你先静心细读,不用急于表达,如果有感想,可以在书上做批注。"爷爷奶奶看这本书引起了我们母女极大的关注,也加入进来要求读一读这本书。诺诺爸爸也不甘落后,也用最短的时间读完了这本书。于是这个暑假的尾声,我们全家人都把《明天会更好》读了一遍,我们决定开一个家庭文学沙龙。

妈妈说:"一个12岁小姑娘的一个暑假,虽然并不是愉快的暑假,但是全书并不是抱怨连天的叙述。一路上一次又一次的坏运气接踵而来,萨默始终表现得冷静、懂事而理智。诺诺,你要看到萨默身上所拥有的乐观、勇敢和自信的优秀品质。在努力勇敢面对生活的过程中,她明白了爸爸说的‘做你力所能及的事’的生活意义，创造了属于自己的好运气。”

诺诺说：“这是一段异常艰辛的旅程，途中萨默慢慢地感受到了妈妈所说的那份变化。之前一直自问自己是好是坏，自己为什么偏偏会生活在这里，自己为什么是世界上最平淡无奇的人，自己到底愿不愿意长大等等。她的追问和思考都在旅程中渐渐变得明晰：在与蚊子的对抗中，明白了当下的珍贵；在和弟弟杰斯的相处中，在不完美中发现了美；在和外婆不断的争吵中，理解了爱的另一种表达方式；在外公的故事里，获得了平静的力量；在懵懂又短暂的初恋里，明白了比爱更伟大的东西。所以在重压到来的时候，在被最惧怕的蚊子叮了一口的时候，萨默内心的思考和挣扎在压力之下变成了强大的力量。”

爸爸说：“压力是世界上最大的力量。而在萨默这里，是爱和责任让压力变成了力量。‘每个人的内心都有各种各样的东西，它们大都只有在适当的条件下才会显现出来。’这份显现出的力量让萨默性格中的尘埃开始落地，恐惧也消失了，取而代之的是直面困难的信念和勇气。如果让我总结这一本书的意义，便是——谁都不能轻易躲开迎面飞来的坏运气，谁都不能拒绝前方困难的出现，但是这些经历最终都会变成积淀。积淀多一点，面对明天的勇气和从容就会多一点。活在当下，相信明天一定会有好运气！”

诺诺说：“这是一次异常艰辛的收麦旅程，萨默在慢慢长大：经历了人生第一次青涩懵懂的初恋，就像昙花一现一样；在与外婆的不断争吵中，发现了爱的另一种表达方式，她发现在她的心里有两个外婆，一个是整天训她的外婆，另一个是忍着病痛也要干活的外婆，一个是事事讽刺她的外婆，另一个是在她生病期间一直照顾她的外婆；她的小狗闪电咬死了农场主的鸡后，主动去找农场主承担过错；萨默在外公生病无法驾驶收割机时，开始为家里担心焦虑：该怎么还贷款呢？失去了房子，我们该住哪里呢？成长就是这样悄无声息的，因为她看到外公、外婆那么努力地工作，父母那么渴望创业，她怕这个愿望永远都难以实现，最后萨默决定晚上偷偷去帮外公收割麦子。”

爷爷说：“成长就是这样残酷的，谁都不愿意长大，却又不得不长大。成长的过程是丰富多彩的，收获的成果也是丰富的。在成长的道路上，每一个明天都是崭新的，每个明天都会有好运气！让我们一起为好运气加油吧！”

全书共分为十六章，每一章都有独立的事态发生，却又紧紧围绕着萨默一家，娓娓阐述有争吵也有欢笑的生活——有无奈也有落寞，有挣扎的痕迹也有穷困潦倒的窘迫，似乎每个人都坚强得令人心痛，真是让人欢喜让人忧。人生，总是有很多无解和误解。笑的时候，不一定开心，也许隐藏着无奈；哭的时候，不一定流泪，也许是种释放；疼的时候，不一定受伤，也许是种心动……走过一段路，成长一段岁月，温暖一生情。

诺诺说：“每当杰斯生气了，就会用头撞玻璃、撞墙来发泄情绪，萨默为弟弟这个样子而感到担心。我通过这本书的阅读感悟出一个道理：人生不可能像一览无余的平原一样宽敞、平坦，而是像山路一样曲折蜿蜒。谁都无法做到十全十美，就像世界上不可能出现纯金一样。所以说，我们要勇于面对生活，遇到生活中觉得无法解决的困难，不要轻言放弃，要勇于挑战下去。这本十分好看的书的作者——辛西娅·角畑，把人物写得活灵活现，引人入胜。我很喜欢这本书，我会像主人公一样怀抱对未来的信心与憧憬，练就勇于承担、勇于面对问题的强大内心，坚信明天会有好运气！”

冒险之旅

——《格列佛游记》陪读策略

书本简介

《格列佛游记》(译林出版社,2016年8月第1版)是英国作家乔纳森·斯威夫特创作的一部长篇游记体讽刺小说,首次出版于1726年。作品以里梅尔·格列佛的口吻叙述周游四国的经历,通过格列佛在利立浦特、布罗卜丁奈格、飞岛国、慧骃国的奇遇,反映了18世纪前半期英国统治阶级的腐败和罪恶,还以较为完美的艺术形式表达了作者的思想观念。作者用了丰富的讽刺手法和虚构的幻想写出了荒诞而离奇的情节,深刻地反映了当时的英国议会中毫无意义的党派斗争、统治集团的昏庸腐朽和唯利是图,对殖民战争的残酷暴戾进行了揭露和批判,同时它在一定程度上歌颂了殖民地人民反抗统治者的英勇斗争。1726年,《格列佛游记》在英国首次出版便受到读者追捧,一周之内售空。出版几个世纪以来,该书被翻译成几十种语言,在世界各国广为流传,在中国也是最具影响力的外国文学作品之一,被列入语文新课程标准必读书目。根据其内容改编的电影分别于1977年、1996年、2010年被搬上大荧幕。

力荐理由

《格列佛游记》是冒险故事，是奇幻小说，是游记，它是值得阅读的经典之作。这本书主要写主人公格列佛四次惊险而又离奇的航海故事。每一次航海故事都是格列佛在讲述自己的亲身经历，他先后在四个国度历险：小人国、大人国、飞岛国和慧骃国。第一次，格列佛在利立浦特遇海难，来到小人国。这里居民身高仅六英寸左右，格列佛在他们的眼里简直是一个山一样高大的巨人。小人国战争不断。格列佛想出了一条妙计，以一己之力帮助小人国阻止了敌人的侵略。可小人国几位大臣竟然给格列佛列了许多条无中生有的大罪。最后格列佛逃离了小人国。第二次，格列佛闯进了大人国。这里的居民身高如尖塔，武器精良，国势强盛。格列佛却像个小矮人，他被那里的人当作宠物一样养着。第三次，格列佛遭遇海盗，来到飞岛国。这里的城市和乡间荒凉无比。格列佛以常人的角度，看到了飞岛国人类的疯狂和邪恶本性。第四次，格列佛因遭到叛变而走遍了慧骃国。那里的主人是马，是具有高度的智慧、自制力、礼节的马。在慧骃国里，没有贪婪，没有欺骗，没有战争，没有陷害，就像生存在幻境中似的。作者以理性的角度，讲述了他看到的一切。

《格列佛游记》就像一部经典的动画片，只要打开书本，静下心来看，你就会停不下来。你的心会被格列佛紧紧地牵着：他遇险，你会为他担心；他脱险，你会为他高兴；他在那些国家所做的，所看到的，会让你大开眼界。

如果静下心来慢慢地看，你会从格列佛身上学到许多。面对遭遇，格列佛总是一边静观其变，一边想办法脱险。如何与人和谐相处？你只需看看格列佛，他对人友好，举止善良，谈话很有技巧，上能与国王、大臣交谈，下能与百姓为伍，人缘极好。他是一个滴水之恩当涌泉相报的人，为了朋友他会随时准备抗击一切对朋友不利的人，甚至付出生命。

格列佛的遇险故事吸引了许许多多的读者，很多孩子翻开这本书就不会想到看电视，不会想到玩手机，心里装的只有格列佛。静静地读，你的心会随着格列佛来到小人国、大人国、飞岛国和慧骃国。格列佛将带你看遍四国都市风貌，从中你也会看到格列佛的内心与智慧。格列佛会一次又一次带给你“逆境丛生”的感觉，但无论遇到多大的麻烦，他总能历尽艰险后回到自己的祖国。

陪读策略

陪读，从“装”开始

在每年备战教师文化考试的阶段，我都会做几套中考试卷，结果发现《格列佛游记》常常考到，心想：这必定是一本好书。暑假来了，阅读的美好时光也来了。儿子比较喜欢看历险类的书籍，但是他比较排斥我的有意安排。记得他曾经为《海底两万里》而着迷。我相信只要儿子翻开《格列佛游记》，就不会拒绝看下去。

我去书店买来了《格列佛游记》，自己先看起来。儿子一回家，就会看到我手捧《格列佛游记》，津津有味地读着。他看到我不玩手机，因为我已经把手机丢在一边，不去理会。我要用无声的语言告诉儿子：看书比玩手机有意思多了。哪怕儿子在玩游戏，我也在他眼皮底下如醉如痴地看着。刚开始，我是装给儿子看的，不成想，打开书本，阅读着格列佛第一次历险小人国的经历，就喜欢上了这本书。看着，看着，我竟然停不下来了。

一天儿子打完球回到家，叫道：“老妈，渴死了！家里有没有绿豆汤喝？”

“哦,鸡蛋汤还有的。”我一边回答,一边目不斜视地继续阅读。因为儿子运动回家,常常会来一碗鸡蛋汤下饭。

“什么呀?我问的是绿豆汤,不是鸡蛋汤!”儿子不满地说,“老妈,我看你是看书走火入魔了。”

“对,这本书就是让我走火入魔。里边的故事,太吸引人,太不可思议了。”

“老妈,你一天到晚就知道看书,看书。”

“你呀,没看过这本书,是无法体会其中的乐趣的。要是你看了这本书,就一定能理解老妈了。”

说完,我笑笑,继续看我的书。儿子则继续做他的事。

两天后,我看完了《格列佛游记》,把书放在了他的床头。一天过去了,两天过去了,一个星期都过去了,也没见儿子翻开那本书。

后来,我特意趁儿子在家时,点播了电影《格列佛游记》,一边看,一边不时感叹。儿子被我引了过来,也开始看起了电影《格列佛游记》。看完电影,我问儿子:“好看吗?”“还可以!”儿子回答道。我故作神秘地对儿子说:“电影情节拍得太粗糙了,根本没法和书比,还是书好看!”“真的吗?老妈,你不会是有意引我看《格列佛游记》吧?”“嗨,信不信由你。电影好看,还是书好看,你自己打开书本看看不就真相大白了吗?再说老妈什么时候骗过你?”

儿子生性好动,不太静得下来。第二天早晨,儿子出去打球了,我打扫他的房间时发现那本《格列佛游记》已经被翻开过。打开一看,儿子已经看到了第32页。就这样,一天天过去,儿子前前后后看了一个多星期,总算把书看完了。

在儿子阅读完这本书后,我故意装作糊涂:“儿子,老妈记性不好,看了一遍,才没几天,就记不清格列佛历险的四个国家的先后顺序是怎样的,你快告诉我一下。”“哎呀,连这都记不住,老妈你看书的效率也太低了吧！”儿子有点不屑一顾地说，“小人国、大人国、飞岛国和慧骃国。”我们继续讨论到：慧骃国是个什么样的国家？格列佛是个什么样的人？他做过的哪一件事令你大开眼界或者令你深思？最后格列佛是怎样度过自己的余生的？

在讨论的过程中，儿子时而对答如流，时而陷入记忆障碍。他应该能体会到：读一遍仅仅是知道一点点皮毛而已，经典是不厌百回读的。于是，我又开始装，把手机丢在一边不去理会，捧起《格列佛游记》再次读起来。虽然没能让儿子和我一样马上读第二遍，但是我想孩子是看在眼里的。我相信只要自己坚持潜移默化地熏陶，总有一天儿子也会捧起自己喜爱的书籍看第二遍的。

读后感

办法总会有的

——读《格列佛游记》有感

暑假开始了，我读了英国作家斯威夫特写的《格列佛游记》。这本书时而让我紧张，时而让我感到惊奇。

书中最吸引我的是英国中年医生格列佛喜欢航海冒险的经历。1699年，格列佛在“羚羊号”上担任随船医生。启程很顺利，可是过了会儿，“羚羊号”像个脆弱的瓷娃娃摔在礁石上，顿时船身破裂。真吓人，不知道格列佛怎么样了？不久，格列佛到了一个小岛，然后睡着了。后来他迷迷糊糊的，觉得有东西把自己绑了起来，那些小人把格列佛绑着抬进小人国的神殿监狱。经历了许多事情，小人国的人渐渐信任了他，把他放了出来。他遇到了一个真诚的朋友，也学会了小人国的语言。

真好，我相信有了真诚的朋友，格列佛一定能得到许多帮助。往下阅读，果然格列佛得到了朋友的帮助，格列佛获得了自由——说是自由，却是不公平的自由。怎么不公平呢？就是做什么都要经过国王的同意。小人国的法律特别奇怪,忘恩负义是杀头的死罪。在他们看来,一个连自己的恩人都要加害的人就是人类的败类,不配活在世界上。我觉得杀头太夸张了,得到一定的惩罚就行了。后来,格列佛帮助小人国打败了布勒夫斯加帝国。打败后,布勒夫斯加帝国派出两个人来见格列佛教,告诉他:发现了一只庞大的船,他们已经下达命令修船了。格列佛太幸运啦,不过这本书的许多困难都是格列佛自己解决的。布勒夫斯加帝国帮助格列佛是有条件的,这个条件就是把拉回利立浦特的船都放走。格列佛特别爱妻子,而且特别怀念家乡,所以为了回家,格列佛只能这么做了。

每当格列佛遇到困难,都会想尽一切巧妙的办法解决,最后竟然化敌为友了。以后遇到困难,只要想起格列佛,我就有勇气面对了。船修好了,格列佛就踏上了冒险回家的路。

这本书不仅仅告诉我格列佛航海冒险的故事,还让我体会到了坚持不懈地做一件事就会成功。而格列佛所经历的一次次九死一生的冒险故事,则又告诉我好男儿志在四方。

读书就是读自己

——《草房子》陪读策略

书本简介

《草房子》(江苏凤凰少年儿童出版社,2009年6月第3版)是儿童文学作家曹文轩创作的一部长篇小说,讲述的故事发生在油麻地,那里有很多的草房子,古朴中透着华贵,油麻地小学是这里最热闹的地方。桑桑就是生活在油麻地小学的一个男孩,他很有个性,敢爱敢恨,有很多奇思妙想,是贯穿本书的关键人物。我们随着他,认识了秃鹤、杜小康、纸月、细马等一个个年龄相仿的孩子,他们各有特点,每个人都闪耀着人格光辉,都值得被人喜爱。桑桑也见证了蒋一轮老师的感情波折,目睹了秦大奶奶融入油麻地小学的过程。每个人物都贴近生活,贴近心灵,交织着,讲述着一个个平平淡淡又感人至深的故事。这些故事深刻地印在桑桑的童年记忆里,也刻在每一个读者的脑海里。我们透过桑桑的成长,走进一个美好的充满爱的世界。

力荐理由

《草房子》这本书里所讲的故事，是主人公桑桑及其小伙伴们上学时的那段童年时光，你一定会被深深吸引。一般孩子“有贼心没贼胆”，桑桑不一样，他敢想敢做，举些例子吧：谁敢把家里的蚊帐拆了做渔网？谁会在大热天穿上冬天的衣服，故意让别人关注自己？不过，桑桑还是心思单纯的一个孩子，读一读文章就知道了。纸月这个名字真好听，她长得眉清目秀，写得一手好字，很容易得到老师的夸赞和喜爱。你身边有像秃鹤这样的朋友吗？随着长大，他意识到了自己的不同，有点自卑，不再喜欢别人拿他的缺点开玩笑。读到他的故事时，会很心疼他。蒋老师颇有才华，教学负责，可当他在感情上遭受挫折时，也陷入了低谷，一度影响工作……作者呈现给我们的人物是接近生活的，带着泥土气息，又如一股清澈泉水，直流到每一个读者的内心深处。

陪读策略

阅读文学经典，是在欣赏一门高超的语言。一本好书，是因为它能让读者产生共鸣，让读者觉得就是在写他自己，正如《红楼梦》能作为经典传承，有人认为那是因为我们每个人都可以从中找寻到自己的影子，此时读者就容易将自己融入书中，有强烈的代入感，从而获得深刻的阅读体验。

这本书请直接递给孩子

作为老师，我的观察是：从学生的阅读体验上来看，我们完全不用担心其中的故事跟现在的生活有距离，孩子能否产生兴趣等问题。我见过不少孩子捧起这本书，痴迷地沉浸在书中，那样如饥似渴，看过的孩子对它是一致好评。《草房子》有它独特的魅力。它既可以唤起我们这一代人的童年，又深深吸引着今天的小读者们。这是一本长篇小说，其中陆续出场的人物角色有秃鹤、桑桑、纸月、柳柳、桑乔、蒋一轮、温幼菊、白雀、杜小康、细马等等。通读整本书，我们可以感受到这些人物的不同命运和成长历程，我们的身边都有这些人物原型。

四年级时，我和学生共读了这本书。刚推荐下去的那两天，就已经有不少同学到我这里告诉我："老师，《草房子》这本书我已经看完了。"我表现出很感兴趣："你觉得这本书好看吗？"孩子回答说："好看。我觉得桑桑这个人很有趣，但我也觉得他很有担当，做事情都敢作敢当。"看来这个孩子还有说下去的意思，我问："那你身边有桑桑这样的人吗？"孩子说："我很欣赏他身上的一些品质，他身上有很多优点都值得我们学习。我觉得我们班的徐××真的很像桑桑。"

很多时候，学生会在课间迫不及待地跟我交流他阅读之后的想法。我还欣喜地发现，不是所有的孩子把视线聚集在桑桑这个主人公身上，也有不少同学认为桑乔这个校长很亲切，觉得像我们的科学老师蒋老师，听到的同学也都纷纷表示赞同。有的孩子还把书打开，找到某些段落读出来。我们就是在这样的课余时间，你一言我一语的交流中，体会到每一个角色都有他存在的意义，都有可能给某个读者留下深刻的印象。

走进美，欣赏美

净澈的天空、清新的空气、软绵绵绿油油的草地，你是否幻想过生活在这样美的环境中？在这里留下我们的童年，有小伙伴们的欢声笑语，有父母的责备与爱。《草房子》里不仅有这些，还有那金色的草房子，金色的校园，以及亲切的老师等与校园相关的人物。对秦大奶奶这个人物，我印象极其深刻。她让我想到了自己在小学时，校园里也出现过一位老爷爷，他拎着破烂的化肥袋子，靠捡废品为生。当他站在操场上时，班里的同学很快发现了他，大家都带着强烈的同情心，把自己能找到的废旧练习本都给了那位爷爷。后来很久没见过他了，直到有一天，他又突然出现在操场上，我们上体育课后，惊喜地发现了他。他从那个破化肥袋子里掏出一袋东西，想要给我们，那是他特意给我们做的米团（老家的一种小吃）。当时就有几个同学感动得流下了眼泪。所有的这一切，都是我们同学自发的，我们当时的老师对这件事也毫不知情。好人会有好报，当我们被爷爷感动的时候，我们的童年又绽放出一抹绚烂的色彩。

在我们的读书交流会上，我把这个故事讲给孩子们听。我担心他们会对这些陈年往事不感兴趣，没想到他们听得很投入，没有一个人讲话。讲完后，我联系文中的秦大奶奶，告诉孩子们，我为秦大奶奶的离去感到悲哀。但是老师换一个角度看，秦大奶奶走进了桑桑这些孩子的生命当中，给他们留下了深刻的印象，在他们的心里种下了善良的种子。同时，桑桑这群可爱的孩子以及油麻地的人们，也走进了秦大奶奶的生命中。孩子们也纷纷发表他们的见解，跟大家分享自己印象最深刻的人，最感动的一幕。有的孩子说："虽然桑桑那个童年离我们有些远，但感觉就是在写我们。我们的童年也是那样有乐趣，也有一些烦恼，有时还有一点疑惑。我很想把这本书推荐给更多的人看。"我引导孩子们，这本书不仅故事情节引人入胜，更厉害的是它的语言。接下来就有孩子发现，作者的语言非常美，有许多地方值得我们反复地读，还可以记录下来。在这样一节交流课上，孩子们谈论得乐此不疲。

跳出一本书

在阅读的时候，我也站在实用的角度挖掘这本书的价值，诗一样的语言值得我们细细品读。我拿出一节语文课，在班里开展朗诵比赛，由8位同学做评委，直接课堂上报名、朗诵、打分，对前三名发奖品，对参与的同学发优秀奖及表扬信，朗读的内容全部出自于《草房子》这本书。我事先布置下去，请他们找好自己喜欢的段落，先练习起来。这项活动在班里几乎每个月就进行一次，孩子们对朗读也越来越有兴趣。我还惊奇地发现，有些平时不敢大声朗读的孩子也逐渐敢于发出响亮的声音来了。

一本书，也可以给我们带来其他的灵感，比如我们曾经寻求草房子这样的意境。在班级实践活动的时候，我们组织起来走进田野乡间，感受《草房子》所描绘的那种美好的环境。阅读完这本书以后，我找来电影版《草房子》给他们看。这么丰富的故事情节，是如何压缩成这么短的一部电影呢？孩子们在看的时候，感觉这个人物跟自己想象中的是一样的，会很兴奋；也有看到人物演得不是很符合原文，心里会有些落差。不过，欣赏完电影以后，孩子们更加喜欢这本书了，产生了许多新的问题，并且愿意自己探索这些疑问。

读后感

读《草房子》有感

衢州市实验学校新湖校区三(1)班　高　澈

看完了这部纯美小说，我真想去看看油麻地小学，看看“秃鹤”到底长什么样。我还想和他们一起捉迷藏，抓蝴蝶，痛痛快快地玩。真让人期待啊！

“秃鹤”是一个秃顶的孩子。有一天，他感觉到自己的秃顶被同学们戏弄，又生气又难过，终于找到一个机会“报复”，导致学校失去了“第一”的荣誉，校长、老师、同学们越来越讨厌他。可后来，他通过努力证明自己是一个很棒的孩子，“秃头”算什么呢？他用自己杰出的表演能力和天生的“秃头”优势证明了“天生我才必有用”。

一个人美不美不能光看外表。孔子的弟子宰予，能说会道，长得英俊，另一个弟子子羽外貌丑陋。孔子认为宰予是个人才，但实际恰好相反，宰予昼寝，子羽通过虚心学习，声望很高。孔子不由感叹道：“我不应该以貌取人啊！”如果医生能像华佗一样治病救人，教师像孔子一样有教无类，工人像制造“蓝鲸一号”的工程师一样勤奋创新，小朋友能努力读书，他们就是最美丽的。“秃鹤”也是最美的，因为他努力、勤奋、自信，他也不会孤单。

在生活中，不管同学们穿戴是否华丽，长相是否好看，仰卧起坐是做5个还是50个，只要他能勤奋，我就要关心他，爱护他，决不嘲笑他。我记得战国时期著名的思想家韩非子虽然才华横溢，但是却有“口吃”的毛病，可他从来不在乎，写了《孤愤》《五蠹》等。如果我在运动会上跑步很慢，没有取得名次，我也不会气馁，我要多加练习，争取东山再起；如果爸爸开的小汽车不如小朋友爸爸的气派，我也不会去攀比。我要认真读书，向好榜样学习，将来做一个有用的人，像造中国大飞机的叔叔们一样，给国家发明厉害的武器，不让祖国遭到其他国家的进攻。

精彩的《草房子》特别有趣，里边的人物我都记得清清楚楚。我也请小朋友钻进《草房子》，来到油麻地，看看“秃鹤”，还有桑桑、纸月……和他们尽情地玩耍吧！

跟着鲁滨逊一起去漂流

——《鲁滨逊漂流记》陪读策略

书本简介

《鲁滨逊漂流记》(陕西师范大学出版社,2009年11月第1版)是英国作家丹尼尔·笛福的一部长篇小说。该书首次出版于1719年4月25日。该部小说是笛福受当时一个真实故事的启发而创作的。1704年9月,一名叫亚历山大·塞尔柯克的苏格兰水手与船长发生争吵,被船长遗弃在大西洋中,在荒岛上生活了四年四个月之后,被伍兹·罗杰斯船长所救。笛福便以塞尔柯克的传奇故事为蓝本,把自己多年来的海上经历和体验倾注在人物身上,并充分运用自己丰富的想象力进行文学加工,使“鲁宾逊”不仅成为当时中小资产阶级心目中的英雄人物,而且成为西方文学中第一个理想化的新兴资产者。该小说发表多年后,被译成多种文字广为流传于世界各地,并被多次改编为电影和电视剧。

力荐理由

有一个叫鲁滨逊的英国人,他喜欢冒险。有一次,鲁滨逊乘船前往南美洲，途中遇上风暴，漂流到南美洲附近的无人荒岛。他很快战胜了忧郁失望的心情，从沉船上搬来枪械和工具，依靠劳动猎取食物，修建住所，制造工具，种植谷类，驯养山羊，改善了环境，表现出不知疲倦、百折不挠的毅力。他独自生活了多年以后，遇见一些土人到岛上来举行人肉宴。他从中救出一个土人，收为自己的奴隶，取名“星期五”。他在岛上生活了28年，最后帮一名舰长制服叛变的水手，乘船返回。他得到了冒险积累的财物，成为巨富，并派人到他经营的岛上继续垦殖。

这是一部流传很广、影响很大的文学名著。故事中的鲁宾逊生活在中产家庭，原本可以按照父亲的安排，依靠家业过上平静而优裕的生活，但是他喜欢航海和冒险，不甘平庸的生活，独自开启航海之旅。当他沦落荒岛后，遇到了许多似乎难以克服的困难，但他以坚强的毅力和百折不回的决心，逐一解决了居住、食物、工具等方面的问题，过上了舒适的生活。这部作品语言平实，叙事精确。文中鲁宾逊凭借一己之力在荒岛上安家的经过，看似十分困难，甚至不可能，但作者把鲁宾逊选址造屋的过程以精确具体的细节呈现在我们的眼前，具有强烈的真实感，十分可信，使我们觉得，如果我们处在鲁宾逊的位置似乎也会这样做。难怪后人把笛福称为“英国小说之父”，把《鲁宾逊漂流记》看作现实主义小说的奠基之作。

孩子看过这本书后，一定会为一个遇到困难、挫折时坚强、乐观的鲁滨逊而感动。从他身上，孩子可以学会勇敢和乐观地面对现实，解决问题，而不是逃避；从他身上，孩子可以学会做一个善于观察生活的人，从生活中学习有用的知识，做一个实干家。

陪读策略

书可以读“薄”，又可以读“厚”

女儿读《鲁宾逊漂流记》时正值暑假，她每天捧着心爱的书，一有空闲就看，很快地二百多页的书看完了。按着女儿看书的习惯，第一遍往往是粗看大意，大致也就记住了故事中精彩的情节部分，对于自己不感兴趣的部分，轻描淡写一带而过。而《鲁宾逊漂流记》是个前后连贯的故事，将故事中主要情节概括出一个小标题，也就相当于将一本“厚书”读成由几个小标题连贯而成的“薄书”了。像这样：

1. 第一次航行

2. 第二次航行

3. 第三次航行

4. 第四次航行触礁

5. 第一次种大麦和稻子失败

6. 挖地窖、造个捣小麦的石臼

7. 第一次造船失败

8. 鲁滨逊制陶器

9. 第一次发现人的脚印

10. 搭救“星期五”

11. 鲁滨逊与“星期五”造木舟

12. 救“星期五”的父亲

13. 离开荒岛

14. 回到英国

带着她看着自己列出的14个标题，对哪一个标题背后的故事最感兴趣，我们就来说一说。在说的过程中不断地加入人物、情节等，就相当于将这一个小标题下的故事进行了概括。一个小故事会说了，再尝试第二个小故事，第三个小故事，以此类推，又将只有14个标题的“薄书”读成了“厚书”。像这样：

1. 第一次航行

鲁滨逊的父亲原来指望儿子学法律，但是鲁滨逊却一心想去航海。有一天，鲁滨逊去赫尔时，他的一位同伴正要坐其父亲的船到伦敦去。他动心了，于是，他跟着去——这是1651年的8月，当时他十九岁。船刚驶出海口，便碰到了可怕的风浪，使他感到全身有说不出的难受，心里十分恐惧。他在痛苦的心情中发了誓，假如上帝在这次航行中留下他的命，在登上陆地后，就一直待在他慈爱的父母身边，从此一定听从他们的忠告办事。可是第二天风停了，浪也歇了。太阳西沉，继之而来的是一个美丽可爱的黄昏。这时，又喝了同伴酿的一碗甜酒后，他就把这次航行后便回家的决心丢到九霄云外去了。

2. 第二次航行

第二次出海到非洲经商，赚了一笔钱。

3. 第三次航行

在去非洲的几内亚做生意时，鲁滨逊被一艘土耳其的海盗船俘虏，被卖为奴隶。后来他划了主人的小船逃跑，途中被一艘葡萄牙货船救起，逃到了巴西，在那里独自经营一个甘蔗种植园，当起了庄园主，生活过得很顺遂。

4. 第四次航行触礁

巴西因为人工不足，有几个种植园主知道鲁滨逊曾为做生意而到过非洲的一些奴隶市场口岸，他们竭力哄诱他做一次航行，到那一带去为他们的种植园买些黑奴回来。想不到，他们的船在南美洲北岸一个无名岛上触了礁，所有的水手及乘客全都淹死了，只有他一个人被高高的海浪卷到了岸上，保住了一条命。

5. 第一次种大麦和稻子失败

要想确保他能在这个岛上生存下来，还有许多事情要做。鲁滨逊尽可能地相继办了几件他非办不可的事。但是他的努力并非总是交上好运道。他在第一次播下大麦和稻子的种子时，这些宝贵的存货就浪费了一半，原因是播种得不是时候。

6. 挖地窖、造个捣小麦的石臼

鲁滨逊辛辛苦苦花了几个月工夫，挖了几个地窖以备贮存淡水。花了四十二天时间，才把一棵大树砍劈成第一块长木板。他起劲地干了好几个星期，想制造一个捣小麦的石臼，最后却只好挖空了一大块木头。

7. 第一次造船失败

鲁滨逊足足花了五个月工夫，砍倒一棵大铁树，又劈又削，让它成了一只很像样的独木舟，以备用来逃离这个小岛，可结果却因为太大，怎么也没法子使它下到海里去，而不得不把它丢弃了。不过，每一桩失败的事，都教给了他以前不知道的一些知识。

8. 鲁滨逊制陶器

出于生活的需要，鲁滨逊开始着手制造陶器。在找到陶土后，他做了无数次试验。刚开始时，有的由于陶土太软没有做完，有的由于温度太高而爆裂。摸索了两个多月后，终于做成两个大瓦器，还有许多小型器皿，但还是没有可以装流质、经得起火煮的泥锅。一次偶然的机会，发现有的破泥制器皿被烧得像石头一样硬，于是鲁滨逊开始研究烧陶的火力，最后烧成了三个瓦锅、两个瓦罐，其中有一个罐子正是鲁滨逊最需要的。

9. 第一次发现人的脚印

一天，鲁滨逊在沙滩上偶然发现了一个人的光脚印。他当时好像挨了一个晴天霹雳。他侧耳倾听，回头四顾，可是什么也没听见，什么也没看见。他跑到海岸上，还下海去查看，可是总共就只有那么一个脚印！他惊吓到了极点，像一个被跟踪追捕的人似的逃回到他的住处。一连三天三夜，他都不敢外出。

10. 搭救“星期五”

有一天早晨，鲁滨逊从望远镜里看见三十个野蛮人正在围着篝火跳舞。他们已煮食了一个俘虏，还有两个正准备放到火上去烤。这时鲁滨逊提着两支上了子弹的滑膛枪和那柄大刀朝他们跑了过去，打死了两个野人，及时救下了跑出来的一个俘虏。鲁滨逊把他救下的这个人取名为“星期五”，以纪念这个野人是在这一天获救的。“星期五”在鲁滨逊的教导下，很快学会了穿衣、开枪、讲英语、信基督……成为鲁滨逊最忠实的仆人和朋友。

11. 鲁滨逊与“星期五”造木舟

为了到孤岛对面的大陆，鲁滨逊便想和“星期五”一起造独木舟。由于他思船心切，没有经过太多考虑便开始工作。结果，花去数月时间好不容易用大柏树凿成的木舟却因太大而废弃。又过了几年，鲁滨逊吸取教训，在沿河的地方又凿了一只更小的独木舟，并且安装了桅杆和帆，又在舟内凿了许多用来放东西的槽。但是因为木舟太小，鲁滨逊未能乘它到对面的大陆，只能在附近使用。

12. 救“星期五”的父亲

正当鲁滨逊与“星期五”做好木船，差不多已准备驾船启航时，又有二十一个野蛮人乘着三只独木船，带了三个俘虏到这个岛上来开宴会了。其中一个俘虏是个白人，这可把鲁滨逊气坏了。他把两支鸟枪、四支滑膛枪、两支手枪都装上双倍弹药，给了“星期五”一把小斧头，还给他喝了好多甘蔗酒，自己带上了大刀，冲下山去，大开杀戒，只逃走了四个野蛮人。俘虏中竟然有一个是“星期五”的父亲。

13. 离开荒岛

鲁滨逊给了那个白人和“星期五”的父亲枪支和食物，叫他们乘着新造的船去把那艘西班牙船上遇难的水手们带到岛上来。正在等待他们回来时，有一艘英国船因水手闹事而在他的荒岛附近抛了锚。鲁滨逊帮那位船长夺回了船，跟船长一起回到了英国。他们走时带走了两个也想回英国去的老实的水手，而让闹事闹得最凶的一些水手留在了岛上。后来，那些西班牙人回来了，都在岛上居住了下来。起初，他们双方争吵不和，但定居后，终于建立起了一个兴旺的殖民地。

过了几年，鲁滨逊又到那个岛上去过一次。

14. 回到英国

鲁滨逊离开那个岛时，已在岛上呆了二十八年两个月二十九天。鲁滨逊总以为他一到英国就会高兴不尽，没想到他在那里却成了一个异乡人。他的父母都已去世，因无法尽孝而感到遗憾。他除了从那艘西班牙船上取来的一千二百个金币之外，还有两万英镑等待着他到一个诚实的朋友那儿去领取，这位朋友是一位葡萄牙船长。在他去干那项倒霉的差事之前，就委托船长经营鲁滨逊在巴西的庄园。见船长如此诚实，鲁滨逊十分高兴，决定每年付给他一百葡萄牙金币，并在船长死后每年付给他的儿子五十葡萄牙金币，作为他们终身的津贴。

女儿第一次尝试这样的方法，虽然在概括小标题上还不能够做到语句精炼(这需要长期的训练)，但是把书读“薄”又读“厚”的方式她很喜欢。

暑假里，时间是充裕的，若单一地只是看书，不免有些枯燥。女儿第三遍读《鲁宾逊漂流记》时，兴趣已不如之前浓厚了。为了调剂，我找到动画电影版《鲁宾逊漂流记》，看的时候画面既熟悉又新鲜。熟悉是因为影片中的故事情节与书本中大致相同；新鲜，则是用孩子喜欢的动画方式来熟知故事，与看书相比又是不同的体验，形成对比阅读，且影片欣赏画面感十足，满足了视觉效果。欣赏时，我也会陪在一旁，我们一边观赏，一边评论。看完影视，再回到书中继续阅读，再次激发阅读兴趣。

看完《鲁宾逊漂流记》后，女儿还沉浸在只有在文字中才能体验到的游记生活，于是我又推荐给她类似的游记书籍，如《汤姆索亚历险记》《爱丽丝奇遇记》和《格列弗游记》，以体验不同的游记生活，并感受不同作者的记录方法。

阅读卡

1. 制作读书卡

读书卡

书名:《鲁滨逊漂流记》

作者:[英]笛福

主要人物:鲁滨逊,星期五

主要内容:商人鲁滨逊在航行途中遭遇风暴,成为唯一的幸存者。他在一个荒岛上凭借自己的智慧和社会经验,顽强地生存了下来。后来他从食人部落手中救出一个野人,取名为"星期五"。在鲁滨孙的教导下,星期五也变成了文明人。后来两人终于回到了英国。

感受:这是一部宣扬探险进取精神的小说。书中极力赞扬了人的智慧与人的主观能动性,让人在欣赏小说曲折情节的同时,感受到人的力量的伟大,给人巨大的鼓舞。不要轻易放弃,要努力为生存而奋斗;要利用已有的知识通过多次实践来克服种种困难。

2. 阅读记录表

书名：《鲁滨逊漂流记》

文章主要内容：

鲁滨逊是个永不知足、不断追求进取的冒险家。他不贪图安逸的家庭生活，不愿死守父亲的家产，雄心勃勃地把遨游四海作为自己一生的理想。他还有坚韧不拔的毅力、实干巧干的精神和天才的创造能力。他凭着自己的双手和热情，不仅为自己创造了生存的环境，还改造了大自然。

精彩开头：

我的父亲是德国人。他年轻的时候来到英国胡尔城赚下了一份家产，后来就搬到约克城，娶了我母亲。1632年，母亲生下我，因为母亲的娘家姓鲁滨逊，父亲就给我起了鲁滨逊·克鲁索这个名字。我是家中最小的孩子，我还有两个哥哥。大哥外出当兵，在法国作战的时候不幸阵亡。二哥有一年离开了家，从此杳无音信。

美妙结尾：

后来小岛还发生了很多惊险的事情，三百来个野人曾经撕毁和约，入侵海岛，西班牙人奋起反抗，甚至还有人牺牲。后来在一场关键的战役里，风暴摧毁了野人的独木舟，大量野人翻落海中，没有被淹死的野人最后也选择了投降。小岛从此获得了很多年的和平。

我想要积累的精彩句段：

1. 我知道这一定是船员遇难了。我判断附近一定有其他船员，否则他们也不会放枪求救。我知道他们根本不可能自己脱离危险，我根本不可能救助他们，但他们一但救获，倒很有可能帮到我。我立刻从家中拿出许多平时收集的柴火，燃起一堆火。

2. 我就这样在胡思乱想中过了好几天。后来我发现家里快断粮了，水也快被喝完了。我硬着头皮走出我的“堡垒”，我安慰自己说，你要相信那就是你自己的脚印，你一直很可笑地在做自己吓唬自己的事情。我壮起胆子，跑到羊圈里去挤奶。不过来回的路上我依然疑神疑鬼的。

我收获的优美词语：

1. (心惊肉跳)形容心中极其恐惧紧张。文中指鲁滨逊遇到危险时心中慌张。

2. (晴天霹雳)霹雳：响雷。晴天打响雷。比喻突然发生的，令人震惊的事件。文中指令鲁滨逊震惊的灾难。

3. (听天由命)由：听从，随顺。听任事态自然发展变化，不做主观努力。也比喻碰机会，该怎么样就怎么样。指任凭天意安排。文中指鲁滨逊顺从命运摆布。

阅读完后的体会：

文中的主人公鲁滨逊是个坚强、有毅力、爱劳动的人，而且非常有志气。我们也要具有这些品质。我们只要勤奋刻苦，遇到困难坚持不懈，而且有远大的志向，肯努力，去拼搏，一定能获得成功。要知道，天上是不会掉下馅饼的。我们要是懒惰了，放弃了，就会什么都没有，就是永远的失败者。

不仅仅是感动

——《青铜葵花》陪读策略

书本简介

《青铜葵花》(江苏凤凰少年儿童出版社,2009年6月第2版)是当代作家曹文轩创作的长篇小说,2005年4月首次出版。该小说主要讲述了主人公葵花的命运。她先是和她的父亲在干校生活,父亲不幸遇难后,又被另一位主人公青铜一家领养,并和青铜一起长大。12岁那年,命运又将这个女孩召回城市。青铜从此便常常望着芦荡的尽头,遥望葵花所在那座城市的方向。小说叙事简洁流畅,文字纯净唯美,意境高雅清远,情感真挚深沉,曾获《中国报纸》2005年十大好书奖,台湾“好书大家读”年度长篇小说类创作最佳奖,江苏精品图书奖,第十届全国精神文明建设“五个一工程”奖,首届中国出版政府奖,中国作家协会第七届优秀儿童文学奖。

力荐理由

这本书由我国著名作家曹文轩所写,讲述了一个男孩和女孩的故事。

青铜,一个土生土长的大麦地人,一个内心美好、聪明善良又无比坚强的哑巴男孩。

葵花,一个懂事的,看上去弱弱的,来自城里的孤儿。她很小就失去了妈妈,后来爸爸也因为一幅画而丧失了生命。

一次特别的机缘,让这两个苦命的孩子相遇了。他们一起生活,互相帮助,彼此关心着对方,就像一对亲兄妹。而青铜的爸爸、妈妈、奶奶也发自内心地疼爱着葵花。青铜家里贫穷,连吃饭都有问题。奶奶为了省下口粮,找了一个借口去她妹妹家了。妹妹家那边是一个大棉区,每到采棉花的季节,就会雇佣很多人采棉花。工钱是钱,或是棉花。奶奶想弄些上好的棉花回来给青铜、葵花做棉袄、棉裤。奶奶在棉田里拼命地干活,不愿意休息一天,最终累倒了,一病不起。爸爸、妈妈四处借钱给奶奶看病。葵花为了不给家里添麻烦,竟然故意把期末考试考砸了,以此为借口,再也不上学。可青铜一家急得团团转,他们是打定主意这一辈子无论多穷,也要供葵花,把葵花培养成才。当一家人知道实情后,更加心疼葵花了。久病在床的奶奶竟然起床,由青铜、葵花搀扶着走向学校。奶奶向校长请求:让葵花再考一次。而小小的葵花也时时刻刻把奶奶的病放在心头,将爸爸、妈妈四处筹钱的辛酸看在眼里。为让奶奶早日看上病,葵花竟然给青铜留下一张纸条,一个人悄悄地乘船跟随陌生的大人去江南捡银杏赚钱。而家人最初在不知葵花去哪时,四处寻找葵花,当后来看到葵花留下的纸条,青铜竟然夜晚都不睡觉,提着纸灯笼去好几里路外的码头边等葵花回来。葵花一天不回来,青铜就一天不歇,天天如此。

书中兄妹俩相依为命的故事，一家人互相关心、互相为对方着想的故事还有很多很多。每一个故事都会让你从心底里感到温暖。故事中的许多人会一次又一次地感动着你。他们两个不是亲兄妹，可是他们之间的情感比亲兄妹还亲。虽然家里穷，可是他们之间彼此关心、爱护。我发现曹文轩叔叔所写的每一本书，不知为什么结尾好像都令人回味无穷，也许是让我们有更多的遐想空间吧！每次看到最后，书中一个又一个感人的画面会依次浮现在我的眼前。

只要打开这本书，没有几个人是不被它感动，不被它吸引的。我就是其中一个，打开这本书，我就像饥饿的人扑在面包上，一看便停不下来，整个心思都在这本书上，满心满眼都是大麦地人们的生活画面，忘记了时间，忘记了饭菜的味道，忘记了……

陪读策略

迷上《青铜葵花》，恋上曹文轩系列

人的成长总会遇到各种困惑，而一本好书，可以让孩子在困惑时，找到一扇门。作为父母的我们，送给孩子最好的礼物不是财富，而是帮孩子养成终身受益的习惯，比如阅读。刘向曾说："书犹药也，善读之可以医愚。"如果父母坚持每天都陪孩子一起看会儿书，慢慢地，看书会成为你生命中的一部分，然后慢慢地，看书也会成为你孩子生命中的一部分……

前段时间，儿子的语文老师在班级微信群里晒出了《青铜葵花》的封面，并在班级群里大力推荐这本书，声称只要打开这本书，静下心来阅读，就一定会停不下来，因为这本书实在是太好看了。我故意旁敲侧击道："一打开，就停不下来。真有这么好看吗？""好不好看，买本来读一读，不就知道了！"儿子回答道。"是呀！买本来看看，不就知道了。儿子，你的主意不错，我立刻去新华书店买。"我恍然大悟似的赞同道。

《青铜葵花》买来了，我先开始阅读。真如老师所言，从翻开这本书的那一刻起，外在的世界对我来说就不存在了，我不再想看电视，不再想上网，也不想做家务，只想一口气看完这本书。

儿子见我如此入迷，不禁也翻开了《青铜葵花》。没看几页，儿子也入迷了。饭菜烧好了，我走到儿子房间门口叫道："儿子，吃午饭啦！"停了片刻，没有回应。"儿子，吃午饭啦！"我加大嗓门喊道。"知道啦！"儿子应到。我也不等他了，自顾自先吃了。吃了一半，想想不能再熬了，就又走到儿子房间门前叫道："儿子，该吃午饭啦！吃完饭再看吧！""知道了啦！我再看两页。"儿子应道。房间里又没了动静。看来一时半会，他是刹不住车了。不管他了，我就自顾自继续吃。等我吃完午饭，已经是中午十二点半左右了。想想，还是别催了，再等等吧。我想他大概要等看完一整章才肯停吧。等啊等，快下午一点了，我实在熬不住了："儿子，快一点啦！你还吃不吃啊？吃完了再看不行吗？""哦……"终于听到儿子起身的声音了。房门打开了，儿子捧着书，来到餐桌前。好不容易开始吃了，儿子却边吃，边看，每扒一口饭，眼睛却不离书本，饭粒掉在了桌上，粘在了嘴角，也毫无知觉，待看完一页又一页，才扒下一口饭。等他吃完，饭早就冰凉，桌子上已经掉了好些菜。

我看了是又好气又好笑，想想还是很理解，因为我自己要是迷上一本书也会这样。正如毛泽东所说："饭可以一日不吃，觉可以一日不睡，书不可以一日不读。"

我读《青铜葵花》常常会被青铜一家震撼住。每一次困难来临，青铜一家总是心往一处想，劲往一处使，从不退缩，每一次都坚强地挺了过来。在面对困难中，一家人那种彼此为对方着想，总希望家人好好的，自己多担待些的那种血浓于水的亲情很是打动人心。

我知道儿子如此入迷，其实他还是在关注故事情节。这本书能带给读者的还有很多很多。为了让儿子对《青铜葵花》有更深入的了解，我想到了联合儿子的班主任兼语文老师——郑老师推进儿子细读《青铜葵花》。具体的做法是：我先把儿子阅读《青铜葵花》的情景以及自己的想法告诉了郑老师，再根据《青铜葵花》出了10道填空题，10道选择题，然后把题目发给郑老师，请郑老师以她的名义把题目发给儿子。结果，郑老师也很有心，把我出的题发到了班级群里，并对儿子的阅读给予了充分肯定，同时要求全体同学读完《青铜葵花》都来做一做，测一测自己的阅读成效。儿子一看到“老师出的”阅读检测题，便饶有兴致地做起来，时而轻松过关，时而打开书本翻来翻去，寻找答案。等儿子把题答完，也差不多再次浏览了一遍《青铜葵花》。

《青铜葵花》能带给读者的不仅仅是故事的情节，更美妙的是它像雨露一样无声地滋养着读者的心田。读完《青铜葵花》，我们觉得不过瘾，开始寻找曹文轩的系列书籍，恨不得将曹文轩的书全都看个遍。于是我们还读了《草房子》《山羊不吃天堂草》《狗牙雨》……

一本本书看下来，我们母子几次玩起了互相出题考对方的游戏，谁赢了，谁得满足对方一个小心愿。亦读，亦玩，我见证了阅读带给儿子的变化，也看到了阅读带给儿子的快乐。这种快乐是发自内心的，带有深度的，是玩电脑游戏所不能比的。

读后感

不是亲人，胜似亲人

——读《青铜葵花》有感

《青铜葵花》是一部忧伤与欢乐结合的著作。

书中的葵花是个孤独的女孩，她没有朋友，甚至没有陪伴的人。跟着父亲，她来到一个叫大麦地的地方。这里不如城里一丁点好，但是葵花却在这里体会到了真正的快乐。在这个地方，葵花认识了青铜和他的家人，也认识了更多的朋友。

父亲离世，葵花被青铜收养。可能葵花落到青铜家是天意吧，谁叫青铜和葵花一样孤独呢？但青铜的世界里不仅仅有孤独，也有温暖，当然，还有一个来自哑巴的自卑。我们是健康的，永远体会不到青铜的痛苦。

不过没关系，葵花这个小妹妹用自己的心温暖着青铜，给了青铜前所未有的快乐，还帮他实现了认字的心愿。青铜也用哥哥般的爱呵护她，让她吃好穿好，却委屈了自己。在青铜和葵花心里，对方就是自己的哥哥、妹妹。他们之间没有秘密，没有障碍，他们用手语交流，用心感受对方。这是一对无话不“说”、互帮互助的好兄妹。在他们心里，对方不只是亲人，还是朋友，知己。这样一对兄妹谁不羡慕呢？

对，的确有人羡慕，他就是嘎鱼。嘎鱼和他的家人也很喜欢葵花，想要收留她。但偏偏葵花选择了青铜一家，是青铜一家的真诚打动了葵花。之后，他们在一起很幸福。虽然家境困难，但他们没有亏待葵花，还让她去上学；虽然物质方面青铜一家比不上别人家，但和家人在一起就是幸福的，因为身边总有关心自己的人，帮助自己，和自己一起面对苦难。这就是友谊和亲情的力量，可以让所有人快乐，但前提是真诚。真诚可以超过一切，甚至可以让一个不善良的人变得善良。

其实，只要和自己爱的人和爱自己的人在一起，不管生活多困难都是幸福的，不是吗？

附 录

学前阅读书目100本

一、0～3岁	
书 名	作 者
1.《中国童谣》	[中]李光迪、金波
2.《点点点》	[法]埃尔维·杜莱
3.《可爱动物操》	[中国台湾]方素珍
4.《我爸爸》	[英]安东尼·布朗
5.《好饿的毛毛虫》	[美]艾瑞·卡尔
6.《鼠小弟的小背心》(“可爱的鼠小弟”系列)	[日]中江嘉男
7.《小玻在哪里》(“小玻翻翻书”系列)	[英]艾力克·希尔
8.《米菲住院》(“米菲绘本”系列)	[荷]迪克·布鲁纳
9.《喂~哎~》	[日]和歌山静子
10.《我要拉baba》(“噼里啪啦”系列)	[日]佐佐木洋子
11.《谁咬了我的大饼》	[中]徐志江
12.《晚安,大猩猩》	[美]佩吉·拉特曼
13.《鳄鱼怕怕　牙医怕怕》	[日]五味太郎
14.《让我荡一会儿吧》(“小猫当当”系列)	[日]清野幸子
15.《亲爱的动物园》	[英]罗德·坎贝尔
16.《大象杂技团》(“乐悠悠图画书”系列)	[中]金波
17.《做鬼脸》(“聪明的小宝”系列)	[日]阿万纪美子
18.《小圆圆,早上好》(“小圆圆”系列)	[丹麦]汉娜·哈斯特鲁普
19.《第一次上街买东西》	[日]筒井赖子
20.《这是什么形状》(“小酷和小玛”系列)	[日]秦好史郎
21.《抱抱》	[英]杰兹·阿波罗
22.《藏猫猫》(“婴儿游戏绘本”)	[日]木村裕一
23.《蹦》	[日]松冈达英
24.《什么地方不一样》(“创意启蒙胶片书”系列)	[英]帕特里克·乔治
25.《打预防针,我不怕》(“可爱的身体”系列)	[日]小林雅子

二、3~4岁	
书　名	作　者
1.《爱画画的诗》	[中]林芳萍
2.《一园青菜成了精》	[中]编自北方童谣
3.《你一半,我一半》(“儿童多元智能绘本”系列)	[中]曹俊彦、陈木城
4.《子儿,吐吐》	[中国台湾]李瑾伦
5.《拔萝卜》	[俄]阿·托尔斯泰
6.《逃家小兔》	[英]玛格丽特·怀兹·布朗
7.《数数看》	[日]安野光雅
8.《大卫,不可以》	[美]大卫·香农
9.《我就是喜欢我》(“青蛙弗洛格系列“)	[荷]马克思·维尔修思
10.《和甘伯伯去游河》	[英]约翰·伯宁罕
11.《是谁嗯嗯在我的头上》	[德]维尔纳·霍尔茨瓦特
13.《下雨了》	[中国台湾]汤姆牛
14.《古利和古拉》	[日]中川李枝子
15.《谁的自行车》	[日]高畠纯
16.《我变成一只喷火龙》	[中国台湾]赖马
17.《小真的长头发》	[日]高楼方子
18.《阿立会穿裤子了》	[日]神泽利子
19.《我不要去幼儿园》	[法]丝特法妮·布莱克
20.《动物绝对不应该穿衣服》	[美]茱蒂·巴瑞特
21.《黄雨伞》	[韩]柳在守
22.《蜗牛的家在哪里》(“科学宝宝图画书”系列)	[韩]金长成
23.《你睡不着吗?》	[爱尔兰]马丁·韦尔德
24.《咕噜牛》	[英]朱莉娅·唐纳森
25.《家里的安全》(“我的安全养成书”系列)	[英]克莱尔·卢埃林

三、4~5岁	
书 名	作 者
1.《乡下动物园》(“中国绘”系列)	[中]肖袤
2.《武松打虎》(“京剧猫”系列)	[中]熊亮、吴翟
3.《吃黑夜的大象》(“中国原创图画书”系列)	[中]白冰
4.《妈妈,买绿豆》	[中]曾阳晴
5.《神笔马良》	[中]洪汛涛、钟洁
6.《雪人》	[美]雷蒙·布力格
7.《你看起来好像很好吃》	[日]宫西达也
8.《巴巴爸爸的马戏团》(“巴巴爸爸经典”系列)	[法]安娜特·缇森、德鲁斯·泰勒
9.《眼》	[波]奇米勒斯卡
10.《电视迷》(“贝贝熊系列”丛书)	[美]斯坦·博丹、简·博丹
11.《老鼠娶新娘》	[中]张玲玲
12.《小丑鱼》(“冰波系列童话绘本”)	[中]冰波
13.《九色鹿》	[中]保冬妮
14.《小马过河》(“中国优秀童话书典藏”系列)	[中]彭文席
15.《安的种子》	[中]王早早
16.《100层的房子》	[日]岩井俊熊
17.《阿文的小毯子》	[美]凯文·亨克斯
18.《14只老鼠赏月》(“14只老鼠”系列)	[日]岩村和朗
19.《11只猫跑马拉松》	[日]马场登
20.《点》	[加]彼德·H·雷诺兹
21.《图书馆狮子》	[美]米歇尔·努森
22.《这样的尾巴可以做什么》	[美]史蒂夫·詹金斯
23.《我不知道我是谁》	[英]乔恩·布莱克
24.《和我一起玩》	[美]玛丽·荷·艾斯
25.《变焦》	[匈]伊斯特万·巴克亚伊

四、5～7岁	
书　名	作　者
1.《带不走的小蜗牛》(“小蜗牛自然图画书系”)	[中]凌拂
2.《小巴掌童话》	[中]张秋生
3.《大头儿子和小头爸爸》	[中]郑春华
4.《羽毛》	[中]曹文轩
5.《进城》	[中]林秀穗
6.《野兽国》	[美]莫里斯·桑达克
7.《三只小猪的真实故事》	[美]乔恩·谢斯卡
8.《苏和的白马》	[日]大塚勇三
9.《田鼠阿佛》	[美]李欧·李奥尼
10.《杰德爷爷的理发店》	[美]玛格丽·金·米契尔
11.《团圆》	[中]余丽琼
12.《镜子里的小孩》	[中]向阳
13.《春神跳舞的森林》	[中]严淑女
14.《中国山川故事》(第一辑)	[中]倪绍勇、王祖名、王晓明、周翔
15.《小小牛顿幼儿馆》(第一辑)	[中国台湾]台湾牛顿出版公司
16.《想当老师的猫》(“王晓明心情童话绘本”)	[中]王晓明
17.《新学堂歌》	[中]谷建芬作曲，
18.《极地特快》	[美]克里斯·范·奥尔斯伯格
19.《我的第一套职业体验书我最熟悉的……》	[美]拉尔夫·布茨科
20.《我有感觉》	[美]阿丽奇
21.《人之初》	[中]吉葡乐、素数花开
22.《小威向前冲》	[美]尼古拉斯·艾伦
23.《汉声数学》(第一辑)	[美]明德尔·西托默
24.《咕叽咕叽》	[中]陈致元
25.《小纸船去看海》	[中]林良

一年级阅读书目

书 名	作 者
《中华成语故事》	[中]《书立方》编委会
《小屁孩日记》系列	[美]杰夫·金尼
《中国古代神话故事》	[中]钱理群
《明天要远足》	[中国台湾]方素珍
《一年级大个子二年级小个子》	[日]古田足日
《儿歌三百首》(儿童注音版)	[中]圣野、吴少山选编
《十四只老鼠》	[日]岩村和朗
《摩奇摩奇树》	[日]齐藤隆介
《儿童最想知道的100个问题》(注音版)	[中]王晨所
《百岁童谣》	[中]山曼
《母鸡去散步》	[美]佩特·哈群斯
《小狐狸买套》	[日]新美南吉
《三字经》	[中]王应麟
《与大师一起创作世界名画》	[英]OK公司
《第一次发现》(濒临危机的动物)	[法]伽利玛
《神奇的校车》第一辑	[美]乔安娜·柯尔
《我爸爸》	[英]安东尼·布朗
《比得兔的故事》	[英]毕翠克丝·波特
《我有友情要出租》	[中国台湾]方素珍
《我的野生动物朋友》	[法]蒂皮·德格雷
《蚯蚓的日记》	[美]朵琳·克罗宁
《山海经》(白话全译彩图版)	[中]徐客
《安徒生童话全集》	[丹麦]安徒生
《蘑菇屋童话系列》	[中]金波等
《中国古代寓言故事》	[中]郉笪钟
《汉字的故事》	[中]梅子涵
《与鸟儿一起飞翔》	[中]郑作新

二年级阅读书目

书　名	作　者
《克雷洛夫寓言全集》	[俄]克雷洛夫
《科学王国里的故事》	[中]王会
《神奇的符号》	[中]苏步青
《诗词中的科学》	[中]唐鲁峰
《阿凡提的故事》	[中]赵世杰
《三毛流浪记》	[中]张乐平
《宝葫芦的秘密》	[中]张天翼
《今年你七岁》	[中]刘健屏
《神笔马良》	[中]洪汛涛
《妹妹的红雨鞋》	[中]林焕章
《木偶奇遇记》	[意]科洛迪
《了不起的狐狸爸爸》	[英]罗尔德·达尔
《鼹鼠博士的地震探险》	[日]松冈达英
《小牛顿科学馆》系列	[中]台湾牛顿出版公司
《中国传统童谣书系》	[中]金波
《凯蒂的文化艺术之旅》	[英]梅修
《不一样的卡梅拉》	[法]克利斯提昂·约里波瓦
《没头脑和不高兴》	[中]任溶溶
《我和小姐姐克拉拉》	[德]迪米特尔·茵可夫
《动物王国大探秘》	[英]茱莉亚·布鲁斯
《自然图鉴》	[日]松岗达英
《笠翁对韵》	[中]李渔
《颜色的战争》	[德]爱娃·海勒
《一粒种子的旅行》	[德]安妮·默勒
《洋葱头历险记》	[意]贾尼·罗大里
《七色花》	[苏联]瓦·卡泰耶夫
《中国节日故事》	[中]詹岱尔

三年级阅读书目

书 名	作 者
《土土的故事》	[中]任溶溶
《亲爱的汉修先生》	[美]贝芙莉·克莱瑞
《郑渊洁童话全集》	[中]郑渊洁
《蓝色海豚岛》	[美]斯·奥台尔
《西顿野生动物故事集》美绘本	[加]欧·汤·西顿
《西游记》少儿版	[中]吴承恩
《格列佛游记》	[英]约拿旦·斯威夫特
《百年百部儿童经典作品》系列	[中]圣野
《新世纪版十万个为什么》	[中]卢嘉锡
《中华传统美德格言少年版》	[中]教育部
《稻草人》	[中]叶圣陶
《中国少年百科全书》	[中]陈宏天、严华
《夏洛的网》	[美]怀特
《晴天有时下猪》系列	[日]矢玉四郎
《奇妙的数王国》	[中]李毓佩
《我的第一本科学漫画书——热带森林历险记(一)》	[韩]洪在彻
《游戏中的科学》	[德]汉斯·尤尔根·普雷斯
《人》	[美]彼得·史比尔
《希腊神话故事》	[中]聂作平
《看！身体怎么说话》《看！各种角度看名画》	[英]沃尔夫
《吹牛大王奇游记》	[德]埃·拉斯伯
《时代广场的蟋蟀》	[美]乔治·塞尔登
《爱得华的奇妙之旅》	[美]迪卡米洛
《森林报》	[苏联]维·比安基
《生命的故事》	[美]维吉尼亚·李·伯顿
《千家诗》	[中]谢枋得、王相
《讲给孩子的中国地理》	[中]刘兴诗

四年级阅读书目

书　名	作　者
《昆虫记》	[法]法布尔
《爱的教育》	[意]亚米契斯
《大林与小林》	[中]张天翼
《窗边的小豆豆》	[日]黑柳彻子
《小王子》	[法]圣埃克·苏佩里
《中华上下五千年》	[中]林汉达
《感动小学生的100个故事》	[中]刘海涛
《绿野仙踪》	[美]莱曼·弗兰克·鲍姆
《假如给我三天光明》	[美]海伦·凯勒
老舍作品集	[中]老舍
《鲁滨孙漂流记》	[英]丹尼尔·笛福
《宝贝当家》《金童玉女》《开心女孩》系列	[中]秦文君
《长袜子皮皮》	[瑞]林格伦
《爱丽丝漫游奇境记》	[英]卡罗尔
《柳林风声》	[英]肯尼思·格雷姆
《汤姆·索亚历险记》	[美]马克·吐温
《写给孩子的哲学启蒙书》第一卷	[法]碧姬·拉贝
儿童古典音乐绘本——《飞翔的荷兰人》	[奥]鲁道夫·赫富特纳
《一百条裙子》	[美]埃莉诺·埃斯特斯
《小学生最爱玩的380个思维游戏》	[中]邓代玉、刘青
《101个神奇的实验》	[德]安提亚·赛安、艾克·冯格
《青铜葵花》	[中]曹文轩
《中国兔子德国草》	[中]周锐、周双宁
《失落的一角》	[美]谢尔·希尔弗斯坦
《老子说,庄子说》	[中]蔡志忠
《我是跑马场老板》	[澳]帕特里夏·赖特森
《有老鼠牌铅笔吗》	[中]张之路

五年级阅读书目

书　名	作　者
《城南旧事》	[中]林海音
《心灵鸡汤》	[美]杰克·坎菲尔、马克·汉森
《水浒传》	[中]施耐庵
《三国演义》	[中]罗贯中
《世界五千年》	[中]段万翰、顾汉松、陈必祥
《儒林外史》	[中]吴敬梓
《百万英镑》	[美]马克·吐温
《小兵张嘎》	[中]徐光耀
《细菌世界历险记》	[中]高士其
《穿过地平线》	[中]李四光
《爷爷的爷爷从哪里来》	[中]贾兰坡
《地球的故事》	[美]亨德里克·威廉·房龙
《特别的女生萨哈拉》	[美]爱斯米·科德尔
《小飞侠彼得·潘》	[英]巴里·麦考琳
《哈利·波特与魔法石》	[英]J.K.罗琳
《海底两万里》	[法]儒勒·凡尔纳
《启发每个人思维的数学小书》	[美]莉莉安·李伯
《孔子的故事》	[中]李长之
《希利尔讲世界地理》	[美]维吉尔·莫里斯·希利尔
《书的故事》	[苏]伊林
《我的母亲叫中国》	[中]李叔阳
《林汉达中国历史故事集》	[中]林汉达
《狼王梦》	[中]沈石溪
《蓝色的海豚岛》	[美]奥台尔
《俗世奇人》著	[中]冯骥才
《安德的游戏》	[美]奥森·斯科特·卡德
《数学维生素》	[韩]朴京美

六年级阅读书目

书　名	作　者
《孤岛野犬》	[日]椋鸠十
《曹文轩文集》	[中]曹文轩
《童年》	[苏]高尔基
《呼兰河传》	[中]萧红
《狼图腾·小狼小狼》	[中]姜戎
《最后一头战象》等动物小说	[中]沈石溪
《小战马》	[加]欧·汤·西顿
《朱自清散文集》	[中]朱自清
《冰心散文集》	[中]冰心
《钢铁是怎样炼成的》	[苏]奥斯特洛夫斯基
《鲁迅儿童文学作品选集》	[中]鲁迅
《荒野的呼唤》	[美]杰克·伦敦
《绿山墙的安妮》	[加]露西·莫德·蒙哥马利
《毛毛》	[德]米切尔·恩德
《可怕的科学·科学新知系列·超级建筑》	[英]考克斯
《莎士比亚戏剧故事集》	[英]兰姆
《叶永烈讲述科学家故事100个》	[中]叶永烈
《草房子》	[中]曹文轩
《给孩子的诗》	[中]北岛
《科学家工作大揭秘:古生物学家工作揭秘》	[英]斯皮尔伯利
《希利尔讲艺术史》	[美]维吉尔·莫里斯·希利尔
《明朝那些事儿》	[中]当年明月
《史记故事》	[中]司马迁
《数字——破解万物的钥匙》	[英]卡佳坦·波斯基特
《所罗门王的指环:与鸟兽早鱼的亲密对话》	[奥]劳伦兹
《平凡的世界》	[中]路遥
《红岩》	[中]罗广斌、杨益言

HOUJI 后 记

一直想写一本关于如何陪伴孩子阅读的书。

当下对阅读重视的论调不绝于耳,几乎已经形成了共识。然而在众多家长层面,如何陪伴孩子阅读,却缺乏理论与实践的指导。奔着这个目标,和一群同样飞舞在语文教学丛林中的众姐妹们经过无数个无眠之夜,停辛伫苦,终于成稿。在此道一声:辛苦!

也许我们的视角还不够宽广,也许我们的想法还不够完满,也许我们的策略还不够完善,但我能肯定,这些字句都带着一线语文教师特有的思想与气息,或许更接近草根的研究,或许更接近家长的需求。而且,我们也一直努力在寻求更合理、更实用、更高效的陪读策略。如果有行家对此书所倡导的理论或所选择的策略心存疑虑和异议,我会在感激之余真诚讨教。在此道一声:感谢!

一线小学教师的工作是脑力劳动与体力劳动并重的活,尤其是语文教师大都兼班主任,就像网络段子所言既是保姆又是法官,还兼做家长,这期间的繁、杂、累只有自己能体会。能在如此高强度工作的间隙挤出时间思考儿童阅读陪伴，有以母亲的身份陪读，也有以教师的身份导读并成文的，实属不易。尤其在我再三毫无艺术地催稿过程中表现出耐心与克制的姐妹们，更是不易，每念及此，感恩之情便充盈心怀。还有一位不能不提的是衢州小语界大咖施燕红老师——大年初二，接到我不近人情的求教电话，欣然应答，更给予了无限的肯定与鼓励，正如冬日的暖阳，瞬间温融了我的心。在此，一并表达我的歉意、谢意和敬意！

我一直在努力寻找属于自己的句子！如果这本书对读者有一丝一毫的启迪或帮助，那么我会为我的努力而欣慰；如果此书有让人觉得不妥或令人摇头的遗憾，那么它将鞭策我更潜心地去追寻真理！

请接受我的坦诚吧……

崔巍青　于己亥年新正　春雨淅沥中

图书在版编目(CIP)数据

陪读手册／崔巍青主编. —南昌：江西科学技术出版社，2019.9（2021.1重印）
ISBN 978-7-5390-6901-2

Ⅰ.①陪… Ⅱ.①崔… Ⅲ.①阅读课—小学—教学参考资料 Ⅳ.①G623.233

中国版本图书馆CIP数据核字(2019)第165751号

国际互联网(Internet)地址：
http://www.jxkjcbs.com
选题序号：ZK2019142
图书代码：B19135-102

陪读手册　崔巍青主编

出版发行　江西科学技术出版社
地址　南昌市蓼洲2号附1号
邮编：330009　电话：(0791)86624275　86610326
印刷　三河市元兴印务有限公司
经销　各地新华书店
开本　710×1000　1/16
字数　168千字
印张　13.5
版次　2019年9月第1版　第1次印刷
2021年1月第1版　第2次印刷
书号　ISBN 978-7-5390-6901-2
定价　39.80元

赣版权登字-03-2019-235